新媒体营销策略研究

赵晓晓 著

吉林出版集团股份有限公司
全国百佳图书出版单位

图书在版编目（CIP）数据

新媒体营销策略研究 / 赵晓晓著 . -- 长春：吉林
出版集团股份有限公司 , 2024.6. -- ISBN 978-7-5731
-5273-2

Ⅰ . F713.365.2

中国国家版本馆 CIP 数据核字第 2024E1M617 号

XINMEITI YINGXIAO CELÜE YANJIU

新媒体营销策略研究

著　　者	赵晓晓	
责任编辑	杨　爽	
装帧设计	寒　露	

出　　版　吉林出版集团股份有限公司
发　　行　吉林出版集团社科图书有限公司
地　　址　吉林省长春市南关区福祉大路5788号　邮编：130118
印　　刷　河北万卷印刷有限公司
电　　话　0431-81629711（总编办）
抖 音 号　吉林出版集团社科图书有限公司　37009026326

开　　本　710 mm×1000 mm　1 / 16
印　　张　14.5
字　　数　210 千字
版　　次　2024 年 6 月第 1 版
印　　次　2024 年 6 月第 1 次印刷

书　　号　ISBN 978-7-5731-5273-2
定　　价　78.00 元

如有印装质量问题，请与市场营销中心联系调换。0431-81629729

前　言

在当今这个快速发展的信息时代，新媒体已成为营销领域中不可或缺的一环。互联网技术在发展，作为一种全新营销方式的新媒体营销，也在不断地刷新着人们对传统营销理念的认知。新媒体营销的崛起，改变了企业与消费者的互动方式，也改变了品牌传播的路径。本书深入探讨了新媒体营销的各个方面，包括其产生与发展、理论基础、推广应用以及未来趋势，以期为读者提供一个全面、深入的新媒体营销指南。

第一章着重介绍了新媒体的产生背景、发展过程以及其与技术变革之间的紧密联系。新媒体的出现，标志着信息传播方式的一次革命性转变，这既促进了信息的快速流通，也为营销人员提供了更为丰富和更能精准投放的推广渠道。

第二章深入分析了新媒体营销的基本概念、运作原则以及构建有效营销体系的方法论。这一部分将探讨新媒体营销的核心价值，以及它帮助企业构建品牌优势和实现市场突破的方式。

第三章则转向实践层面，从用户画像分析、精准定位到营销工具的组合应用，全面剖析了新媒体营销在实际操作中的具体应用。这一部分为营销从业者提供了实用的策略和方法，帮助他们在竞争激烈的市场环境中脱颖而出。

　　第四章到第七章分别聚焦微信营销、微博营销、直播营销以及短视频营销等不同的新媒体营销形式，通过深入、详细论述，展示了各种新媒体平台在营销中的独特优势和操作技巧，为企业提供了多元化的营销选择。

　　第八章探讨了如何利用搜索引擎营销提高品牌可见度和消费者参与度。这一策略的重点是如何有效运用关键词优化和广告投放，来达到最优的营销效果。

　　最后的第九章着眼于未来，探讨了新媒体营销可能的发展方向和趋势，从内容的可视化、营销方式的线上线下融合到传达情感的共鸣化，为读者提供了对未来新媒体营销走向的预见性思考。

　　本书是一本理论与实践相结合的学术作品，更是一本面向所有对新媒体营销感兴趣的读者的实用指南。在这个信息爆炸的时代，掌握新媒体营销的策略和技巧，无疑是赢得市场竞争的关键。期待本书能成为读者在新媒体营销征途中的忠实伙伴。

　　由于时间、水平有限，书中难免存在疏漏之处，恳请广大读者批评指正。

2024 年 3 月

目 录

第一章　揭秘新媒体世界

第一节　新媒体的产生与发展

一、媒体的发展史

媒体，从广义上，可以被理解为一个信息传播的桥梁，它不是简单的信息载体，而是一个复杂的系统，涵盖了从物理介质到组织架构各个层次上的元素。在具体的物质层面上，媒体有各种不同的形式，如古老的竹简、纸质书籍和现代的无线电通信，而在更加抽象的层面上，媒体则指那些确保信息能流畅传递的平台和机构，如出版社、新闻机构和网络平台。这样的定义使电视媒体不单是指电视机这一物理设备，还是包括了电视机、卫星传输系统以及广播机构的复杂系统。这种双重性质，使"媒体"既包括具体的物质载体，也包括人类活动构建的信息传播平台，并构成了其在现代社会中的核心地位。①

对媒体发展历程的研究，国内外学者都倾向于从媒介技术和信息传播两个维度进行。历史上，媒体的演化可以被看作是一系列技术革新和社会实践累积的结果。这一过程起始于人类社会的口头传播阶段，这是最初的信息交流方式，依靠人与人的直接对话来传递信息。随着文字的发明，信息传播出现了质的飞跃，文字传播成为可能，书写材料，如竹

---

① 刘娜.新媒体营销[M].西安：西安电子科学技术大学出版社，2021：10.

简和羊皮纸等，成为早期的信息载体。紧接着，印刷术的发明开启了媒体的第三个阶段，印刷媒体，如报纸和杂志，大量涌现，极大地扩展了信息的传播范围，提高了信息的传播速度。进入20世纪，随着无线电和电视技术的突破，广播和电视媒体相继出现，它们利用电磁波传播信息，将信息的传递速度和影响范围推向了一个新的高度。紧随其后，互联网技术的诞生与普及，开辟了网络媒体时代，信息传播方式变得前所未有的便捷和高效。而在现代社会，随着移动互联技术和智能手机的普及，移动媒体成为信息传播的新前沿，它改变了人们获取和消费信息的习惯，也为媒体的发展注入了新的活力。媒体发展史如图1-1所示。

这一发展过程既反映了技术进步的轨迹，也折射出社会交往方式的演变。每一次技术的革新都带来了媒体形态的变革，而这些变革又深刻地影响了社会结构和文化形态。从口头到文字，从印刷到电子，再到如今的互联网，每一步都是人类在探索信息传播方式的道路上的重要里程碑。这些变化是技术层面的进步，也是人类社会发展和文化演进的见证。在这个过程中，媒体作为信息传播的工具，其重要性和影响力不断增强，为社会的进步和发展提供了强大的动力。未来，随着科技的不断进步，媒体将继续演化，以更加多样化和个性化的方式满足人类对信息的需求。

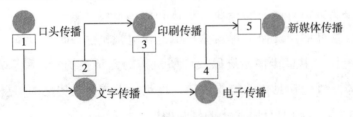

图1-1　媒体发展史

（一）口头传播时期

在人类文明的早期阶段，交流和信息的传递主要依赖口头传播，这种传播方式以人的声音和语言为主要载体，以空气为传播媒介，是人类最古老且普遍的交流形式。这种方式依靠直接的人际互动，通过声音、面部表情及肢体语言等非语言元素来辅助信息的传达。口头传播作为一种灵活而直接的沟通方式，在没有文字和其他记录工具的时代，在人类交流的过程中扮演了极其重要的角色。

然而，尽管口头传播在人类社会的发展中起到了基础性的作用，但它也存在一些明显的局限。一是这种传播方式覆盖范围有限，仅能到达较短距离内的小范围空间，且难以穿越时间长廊，也就是说信息的保存和复用比较困难。二是口头传播准确性和稳定性较低，信息在传递过程中易被扭曲或遗漏，导致误解和沟通障碍。三是由于缺乏物质载体，口头传达的信息难以长期保留，这限制了知识的传承和文化发展的深度与广度。

还有，这种传播方式的效率和效果受当时社会、文化背景和参与者群体大小的影响，在复杂信息的传递和广泛共享知识方面显得力有不逮。因此，虽然口头传播在人类早期社会中是必不可少的交流手段，但随着社会的进步和技术的发展，人们开始寻求更加高效、稳定且能够跨越时间和空间障碍的传播方法，以满足日益增长的信息传递的需求。

（二）文字传播时期

在人类文明的演进，特别是在农耕文明兴起的过程中，文字的发明是信息传播发展历程的一大里程碑，这种革命性的进步标志着媒介形态的首次转变，极大地扩展了人类交流的边界。通过文字，信息得以固定在各种物质载体上，如泥板、石壁、树皮、动物皮革，甚至竹简和纸张，这一创新打破了语言交流的瞬时性和有限性，实现了信息的跨时间和空间传递，极大地丰富了人类传承文化与积累知识的方式。

在文字传播的初期，信息的记录和传递主要依赖原始的图画符号，这些符号被刻画在天然或人造物质的表面上，如岩石或贝壳的表面。该形式相较于口头传播虽然有了质的飞跃，但依然存在一定的局限，信息的记录和传递效率低，且受物理空间限制较大。随着社会的发展和技术的进步，人类创造了更加复杂和系统化的文字，书写材料也随之演变，从最初的自然材料到后来的纸张，书写工具从简陋到精细，这标志着人类传播方式的进一步演化。在这一时期，印刷技术尚未问世，手抄为主要的文字传播方式，扮演了至关重要的角色，其加快了文化和知识的传播，也为社会的学术研究及文化传播提供了强大动力。但手抄文字耗时费力，传播速度相对缓慢，信息保存量受限，这些问题在一定程度上制约了知识传播的广度和深度。

虽然存在上述局限性，但手抄文字传播时期人类文化和社会发展的步伐无疑被加速了，这个阶段为后来的印刷术的发明和发展奠定了基础，也为人类历史上的学术交流和文化传承提供了宝贵的物质和精神财富。通过文字的记录和传播，古代文明的智慧得以保存下来，为后世提供了丰富的知识源泉，推动了人类文明的进步。

（三）印刷传播时期

社会的发展和技术的进步使人类的信息传播方式迎来了第二次革命性的跨越。印刷术的诞生——这一重大的技术创新开启了印刷媒介时代，也为信息的大规模复制和传播提供了可能，极大地推动了世界文明的发展。中国古代造纸术和印刷术的发明，特别是活字印刷术的出现，彻底改变了信息传播的面貌，使文献资料能够被大量、快速、准确地复制，这极大地促进了知识的传播和文化的繁荣。这项创新技术的应用，使信息传播不再受限于缓慢和不便的手抄方式，并使信息能够以前所未有的速度和规模进行传播。印刷技术的广泛应用，使新闻报业在原有的发展基础上，开启了文化传播的新纪元，也为后来的大众传播时代奠定了坚实的基础。

在印刷媒介时代，报纸成了最具影响力的传播工具之一。报纸的特点是能快速传播信息、成本较低、受众广泛以及有时效性和社会公信力。早期的报纸，如中国的《邸报》和古罗马的《每日纪闻》，虽然最初服务于官方和贵族阶层，但随着时间的推移，报纸的功能和影响力逐渐扩展到了普通民众之中。《邸报》作为中国古代王朝的官方出版物，主要向地方官员传递朝廷的讯息，而《每日纪闻》则通过书记员手抄的方式，在罗马城内外广泛传播。虽然这些早期的报纸在内容和受众上有所限制，但它们的存在预示了信息传播方式的重大转变。

随着资本主义的兴起和资产阶级革命的推进，报纸的角色和定位发生了根本性变化。西方资产阶级认识到了报纸在信息传播和形成舆论过程中的巨大潜力，开始积极推动报纸的大众化和平民化，报纸不再仅仅是少数精英的阅读材料，而成了广大民众获取信息、知识和娱乐的重要渠道。可以说，这一时期，印刷传播的兴起加速了信息的流通，促进了社会意识形态的多元化发展和公民社会的形成。印刷术的普及为人们提供了一个相互交流、分享观点和批判权威的平台。

（四）电子传播时期

电子技术的突破使人类步入了电子传播的新纪元，这一时期被标记为媒介发展史上第三次重大变革。电子技术的发展极大地丰富了信息的表现形式，实现了信息传递的时空跨越，将人类沟通和信息共享的深度和广度推到了前所未有的高度上。在这个时期，广播和电视成为信息传播的新平台，它们的出现彻底改变了人们获取信息的方式，标志着媒介的大众化、普及化，是信息传播发展的重要里程碑。

广播的诞生使声音能够跨越空间的限制，迅速传遍每一个角落，为人们提供了即时、便捷的信息传播方式。而电视的出现，则进一步扩展了人们的传播能力，不仅能传递声音，还将图像带入千家万户，使信息的表现形式更为直观丰富，增强了信息的吸引力和影响力。电视和广播的普及，使信息的传播范围从原先的少数精英拓展到广大民众，成为连接世界、增进理解的桥梁。电子传播时期的媒介，以其独特的传播优势和广泛的社会影响，成为现代社会不可或缺的信息传递渠道。

（五）新媒体传播时期

互联网的诞生及网络与数字技术的迅猛发展，引领了媒介历史上的第四次革命性变革，开启了新媒体传播的时代。在这一新时代中，信息的传播方式发生了根本的转变，与传统的报纸、电视和广播相比，新媒体依托先进的网络和数字技术，更加专注于满足用户的个性化和多样化需求。在这个时期，网络媒体和移动媒体成了信息传递和交流的新空间。

新媒体的兴起彻底改变了人们获取、分享和处理信息的方式，使信息传播不再是单向的流动，而变成了双向乃至多向的交互，用户既是信息的接收者，也是信息的创造者和传播者。在新媒体时代，信息的传播速度更快、范围更广、影响更深远，这标志着人类进入了一个全新的信息化、数字化的社会阶段。

二、新媒体产生的背景

新媒体技术的诞生标志着信息传播方式的一次重大变革。而新媒体技术的诞生和发展，则源于 20 世纪中叶计算机技术的突破性发展和网络技术的应用。1946 年，世界上第一台计算机 ENIAC 在美国问世，奠定了新媒体技术发展的物质基础。此后，互联网技术在 20 世纪后半叶快速发展，这是军事需求和科学研究需求所共同催生出的产物，也是科技产业和文化革新的结合体。特别是在 1957 年苏联成功发射首颗人造卫星后，美国为了应对高科技军事领域的挑战，美国国防部高级研究计划局启动了一系列创新实验，这些尝试颠覆了传统的科技发展路径，也加速了信息时代的到来。在这一系列革新中，兰德公司提出的封包交换通信技术理念，解决了如何建立一个抗核攻击的通信系统的问题，这一系统的独立运作能力，为后续的网络发展奠定了基础。这种技术使网络传输不再依赖单一的控制中心，而可以在全球范围内的任何节点之间自由交换数据包，实现了信息的自由流通。

1969 年，以 ARP Anet 为代表的互联网雏形在美国出现，这是一个由美国国防部高级研究计划署资助的实验性网络项目。1983 年，一种新的网络协议，即传输控制协议 / 网际协议（Transmission Control Protocol/Internet Protocol, TCP/IP）成了互联网上的标准通信协议，这是全球互联网正式诞生的标志。① 这一技术革新不只是在通信方式上的突破，更为信息的数字化、全球化传播提供了技术支持。

数字技术的发展是新媒体技术不可或缺的核心，它使电话、电脑、电视等传统媒介得以融合，推动了多媒体技术的进步。数字技术能够将信息的生成、采集、分配、处理、存储和显示整合起来，构建出信息内容、信息网络和信息社会三大领域。更重要的是，数字技术的特性使产品成本随着生产量的增加而降低，极大地促进了面向大众市场的产品的开发和应用。没有数字技术的基础，就无法实现媒介的融合和多媒体的发展，更不用说建立统一的标准和实现信息传播的国际化。

在 21 世纪，社会逐渐从工业时代的机械化生活向人本主义的个性化生活的转变，经过机器和大规模生产带来的效率追求，人们开始寻求更多关注个人需求和有人性关怀的生活方式，这样的文化转向为新媒体技术带来了全新的挑战与机遇。在人本主义盛行的时代背景下，新媒体技术更加注重如何满足个体对信息的独特需求和个性化表达的需要。从个性化的通信服务（如定制化手机短信），到个人化的表达平台（如个人博客和社交网站），再到交互式的数字媒体体验（如互动电视），新媒体技术通过提供更加精细和多样化的服务，满足了现代人对自我表达和个性化的追求。这种以人为中心的技术发展观念，强调个人价值和人文关怀，为新媒体技术的创新和应用提供了深厚的人文基础，使技术发展与人的需求能够更加和谐地相互作用。

三、新媒体的发展

（一）发展历程

根据受众群体的演变，人们可以将新媒体的发展历程概括为三个主要阶段：精英媒体时期、大众媒体时期以及个人媒体时期。

---

① 陈刚.新媒体与广告[M].北京：中国轻工业出版社，2002：3.

1. 精英媒体时期

该时期的特点是新媒体的使用者主要为一小部分文化水平较高，且有较强的专业背景的群体。这一阶段，新媒体更多地被视为一种专业工具，用于传达特定行业或领域的深层次信息。其受众群体相对较小，主要包括专业人士和社会上的精英阶层，他们利用新媒体平台交流知识、分享见解，形成了一个相对封闭的信息传播圈子。

2. 大众媒体时期

在大众媒体时期，新媒体技术经历了快速的发展和普及，传播的边界得以拓宽。得益于技术进步和成本的降低，新媒体开始服务于更广泛的受众群体，网络和移动媒体成为代表，丰富了人们的生活方式并改变了人们信息消费的习惯。这一时期，新媒体不再是少数精英的专属工具，而是普罗大众日常生活中不可或缺的一部分，为大众提供了前所未有的丰富的信息获取方式和交流平台。

3. 个人媒体时期

在个人媒体时期，新媒体的发展进一步深化了"每个人都是媒体"的观念，并将之逐渐变为现实。在这个阶段，技术的进一步进步使个人有了更多表达自我和发布信息的机会，无论是通过社交网络、博客还是视频平台，每个人都能够创造内容，并通过发声产生一定的社会影响。这种现象既打破了信息传播的传统壁垒，也让个人的影响力得以在网络世界中放大，标志着新媒体进入了一个全民参与、高度互动的新时代。

（二）发展趋势

1. 自然化

在媒介技术的演进史中，人们见证了媒介技术如何逐渐模拟、扩展乃至革新人类自然感知能力的过程，因此媒介技术有如下三个显著的发展时期。一是媒介的原始形态阶段，此时的媒介直接依靠自然界本就存在的物质进行信息的传递，如利用直接的口头交流和实物作为信息载体。这一阶段的核心特征是直接性和天然性，无需利用复杂的技术手段，直接利用人类固有的感知能力和自然界中固有的物质进行信息的传播和接收。二是自然化模仿阶段，在这一时期，随着印刷术和电子技术的发明，报纸、杂志、广播和电视等媒介形式出现，并成功地复制、扩展了人类的基本感知方式，如阅读（视觉）、听（广播）和综合感知（电视）。这些媒介的设计和发展，旨在模拟人类观察、倾听和感知世界的自然方式，通过技术手段增强了信息的传播效率和接收体验。三是第二次自然化模仿阶段，互联网和移动互联网技术的兴起，为媒介技术增添了前所未有的灵活性和复杂性，在这个阶段，媒介不只是模仿人类的基本感官体验，更在探索如何通过先进技术，如数字技术、虚拟现实（VR）、增强现实（AR）等手段，全面还原，甚至超越自然感知的界限。在这一趋势下，媒介技术通过技术创新，使人类能够触摸、嗅闻、品尝，甚至体验到现实中无法直接感受到的感官世界，从而达到更高级的感知模拟。

　　未来媒介的发展将遵循两个主要方向。第一，进一步完善和精确地模仿人类的自然感知形态和模式，通过数字化、移动互联网、VR/AR技术等，实现对触觉、嗅觉、味觉等更全面的感官体验模拟。第二，探索新的感知模式和形态，这些新形态可能会改变乃至创造人类的感知习惯，如一些科技产品可以通过眼动控制、手势操作、语音命令等方式，为人们提供更为直观、便捷的信息交互体验，例如，眨眼拍照、眼动跟踪等技术的创新，可以简化人们的操作过程，提高生活的便利性。这是对人类自然感知方式的模仿和扩展，也是对人类与媒介互动方式的革新，标志着媒介技术开始向更加自然、人性化的方向发展。

　　2. 智能化

　　如今，智能技术已经成为人们日常生活的一部分，并在智能家居、智能医疗等多个领域有所应用。在新媒体领域，智能化的发展可以概括为计算智能、感知智能以及认知智能三个阶段。这一进程反映了新媒体技术的演进，也展示了其在理解和服务用户方面的深化。在计算智能阶段，新媒体具备了基础的存储和计算能力，能够处理大量数据，为信息的快速传播提供技术支撑，此阶段的新媒体技术侧重于数据的处理和信息的量化管理，为后续新媒体的智能化发展打下了基础。进入感知智能阶段，新媒体的发展迈向了能够模拟人类基本感官功能的新高度，如听觉和视觉方面，这一阶段的新媒体既能够"听"和"看"，还能够对收集到的信息进行初步的识别和分类，使信息的交互更为自然和直观。而在认知智能阶段，新媒体的目标是发展到能够理解和思考的层次上，这意味着新媒体能够深入理解用户的需求，进行逻辑判断和决策支持，能使新媒体更加智能化和人性化。

新媒体智能化的表现还体现在以下三个方面。

（1）内容生产的智能化。内容生产的智能化是新媒体技术发展的一个重要方向，它通过融合预设的模板和先进的机器学习技术，实现了内容的自动化生成。这一进步极大地提升了内容生产的效率，避免了人力资源的大量投入，也使内容更为多样化和个性化。通过机器学习，系统能够根据用户的行为和偏好，自动调整内容生成的策略和方向，从而生产出更符合用户需求的内容。

（2）用户行为的智能预测。用户行为的智能预测借助机器学习和人工智能的强大能力，使新媒体平台能够在用户行为实际发生之前对其进行准确预测，并据此提供个性化的内容推荐。这一预测机制主要依赖对用户历史行为数据的深入分析和学习，通过挖掘用户偏好、活动习惯等信息，构建用户行为模型。这种基于大数据分析的智能预测能够提高用户体验，通过精准推荐满足用户需求。而且对企业而言，它提供了一个深入了解用户、实现精准市场定位和优化营销策略的有效途径。

（3）信息传播的智能化。信息传播的智能化解决了当代信息过载的问题，使相关信息能够高效、精准地传达给目标用户。在这一过程中，大数据分析起到了核心作用，通过收集和分析用户的行为数据、偏好设置以及互动历史，智能化新媒体平台能够绘制出每位用户的详细画像。基于这些用户画像，平台可以精确识别出用户的具体需求和兴趣点，实现信息与用户之间的高效匹配。此外，信息传播的智能化也为新媒体平台提供了数据支撑，帮助平台在信息的选择、推荐及传播策略上做出更加科学、合理的决策，从而在激烈的市场竞争中获得优势。

3. 社交化

在当代社会，随着社交网络平台，如微博、微信等的普及，社交媒体成为信息传播的新阵地，人与人之间的互动方式越来越丰富，个人与大众传播的结合也越来越紧密。在这个框架下，每个人都是信息的生产者和传播者，他们可以轻松地发布消息，并通过点赞、分享、评论等形式参与信息的流转。因此，社交媒体成了人们日常获取信息的主要来源之一。

与此同时，电子商务领域也迎来了"社交电商"的创新模式，在该模式下，商家利用社交网络的影响力，通过用户的社交圈传播营销信息。更重要的是，社交电商利用了人与人之间天然存在的信任关系，有效降低了消费者对产品或服务品质的顾虑，增强了营销信息的传播效果。这种互动性和信任度的结合，既为企业提供了一个全新的市场推广渠道，也为消费者带来了更为便捷和可靠的购物体验，是社交媒体在现代社会中不断扩大影响力和应用范围的具体体现。

4. 跨媒介融合

在新媒体的浪潮下，众多媒介工具如雨后春笋般涌现，它们利用自身独有的特性，通过多样化的方式全面且个性化地展示出各种信息。技术的持续进步已经模糊了传统媒介的界限，推动了媒介的融合，使新媒体的传播渠道和接收方式日趋多元化和复合化。

在这个时代，不同的新媒体形式承担着各自独特的传播角色，微博和微信等社交平台加强了人们的直接交流，论坛和社区平台促进了基于兴趣和需求而聚在一起的人们之间的交流，而内部网和局域网在各种组织的内部发挥了重要的传播作用。新闻门户网站、综合性网站、数据库和视频中心则在大众传播领域大放异彩。这些不同的新媒体形式不是孤立存在的，它们通过网络的互联互通，形成了一个庞大的信息传播网络，实现了媒介间的互动和信息共享。与此同时，新媒体的传输设备也展现出了融合多元的特性，移动设备，如智能手机和平板电脑，既推动了新媒体传播的无界限发展，也与传统的电视、广播等媒介的音视频内容，以及报纸、杂志的文字内容实现了深度融合。这种融合不只是在内容层面上的，还包括传播渠道，如电脑等设备与传统媒介形式相结合，可以催生出网络电台、网络电视台等新型传播渠道。这种融合实现了互惠互利、信息联动、资源共享。

第二节　新媒体的核心知识解析

一、新媒体的内涵

学术界对"新媒体"的定义一直众说纷纭，这种现象与新闻学领域对"新闻"定义的多元式争议颇为相似。定义上存在模糊主要是因为新媒体本身有多维性，它可以从多个视角和维度被理解和分析。"新媒体"是一个内涵丰富且复杂的术语，它的内涵可从三个关键词体现出来：形态多样、手段先进、有竞争力。[①]

（一）形态多样

形态多样化是新媒体的显著特征，它代表在数字时代，媒介形态不再单一，而是变得丰富多彩。随着互联网技术的发展和媒体融合程度的加深，新媒体领域不断涌现各式各样的平台和工具，如博客、微博、微信、移动电视、维基百科等，这些新型媒介改变了传统的信息传播模式，互动交流从"一对一"发展到"多对多"，极大地丰富了传播格局。在这种新的传播生态中，传统的大众受众概念被重新定义，受众更多指具有特定兴趣和需求的小团体或"部落"，因此形成了众多的细分市场和社交圈子，为了在这样的环境下有效传播信息，提高信息触及率，确保信息能够有效地到达目标受众十分重要。新媒体的多样化形态为这一目标的实现提供了可能，使信息能够触达更广的受众群体，实现信息覆盖最大

① 重庆广播电视大学垫江分校.新媒体运营导论 [M].昆明：云南大学出版社，2022：6-7.

化。这种传播策略强调在任何可能接触到受众的地方建立传播阵地的重要性，以确保信息能够有效传达至每一个角落。

（二）手段先进

在新媒体的演进中，前沿技术和创新是其核心驱动力。新媒体肩负着加强主流意识形态传播的重任，为了实现这一战略目标，人们必须不断探索并应用最新的技术。这意味着，新媒体必须紧跟移动化、个性化、社交化和定制化等传播发展趋势，通过整合和利用新兴的信息技术优化传播手段。这种先进的传播策略能够更有效地吸引和维系受众，还能够调整和优化受众的信息接收习惯和认知方式，进而确立新媒体在信息传播领域的主导地位。

（三）具有竞争力

新媒体的竞争力是其综合实力的体现，提高竞争力，关键在于对传播力、公信力和影响力的综合运用。首先，传播力关注的是解决信息传达的有效性问题，确保信息能够精准地送达目标受众，这需要多样化的媒介形态和创新技术的应用。只有具备这种条件，才能实现信息传播渠道的畅通无阻。其次，公信力攻克的是信息可信度的挑战，只有发布真实、客观、公平和权威的信息内容，才能赢得受众的信任和依赖。最后，影响力指的是媒体信息对受众认知、偏好、观点、态度乃至行为的塑造能力，一个具有强大影响力的新媒体，能够在社会舆论和公众行动上发挥决定性作用。以这"三力"的融合构建而成的竞争力，为新媒体巩固其在信息时代的核心地位提供了坚实基础，使其成为塑造社会观念和行为模式的关键力量。

二、新媒体的特征

新媒体具有很多显著特征，主要表现在六个方面，如图1-2所示。

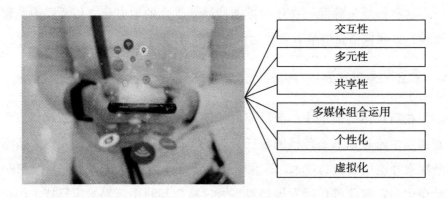

交互性

多元性

共享性

多媒体组合运用

个性化

虚拟化

图 1-2　新媒体的特征

（一）交互性

交互性是新媒体区别于传统媒体的核心特质，体现在信息传递的双向性以及传播者与接受者共享信息控制权两个方面。在传统媒体时代，信息传播主要是单向流动，即信息从发布者直接传递给被动接收的大众，这种"点对面"的传播方式使受众难以对信息进行有效反馈。而新媒体的兴起彻底颠覆了这一模式，它不仅支持"点对点""点对面"以及"面对面"等多样化传播形式，还能赋予用户以在信息传播过程中更有能动性的角色。

随着技术的进步，尤其是智能移动设备和社交网络平台的普及，新媒体使用户对信息的即时获取和分享变得异常便捷。用户可以轻松地通过智能手机或平板电脑，在微博、微信等平台上迅速接触到各种新闻资讯，从而提升自己对周围社会环境的认知水平。更重要的是，新媒体平台让用户有机会直接对新闻内容发表见解、评价和讨论，参与到公共议题的交流中，让用户实现了从传统媒体时代的信息接收者向信息交流参与者的身份转变。这种互动性一方面提高了信息传播的效率和广度，另一方面使信息的生产和消费模式发生了根本性的变化。在新媒体环境下，每一个用户都有可能成为信息的发布者、接收者或反馈者，这种角色的自由转换打破了传统传播者的权威地位，使新媒体传播出现了"受众中心化"的趋势。

（二）多元性

在传统的大众传播模式中，媒介，如报纸、广播和电视，占据了信息传播的主导地位，这种模式下的信息流动通常是单向的，能从传播者直接到达被动的受众。该模式限制了受众的参与，使他们主要扮演接收者的角色。然而，随着新媒体的兴起，这种单向的传播格局发生了根本性的变化。新媒体时代为用户提供了前所未有的交互和参与机会，在社交网络平台上，用户不仅能够轻松获取来自世界各地的最新新闻和信息，如通过微博关注社会焦点事件，还能够主动发声，发表个人见解，分享个人经历和感受。这种模式下，用户不再局限于被动接收信息，而成了能够主动传播信息的主体，这标志着传播模式的多元化和民主化。

新媒体的这种特性，即传播主体的多样性，也导致了传统传播者地位的相对弱化。在新媒体环境下，每个用户都有可能成为信息的发布者，这使传统的传播者与受众之间的界限变得愈发模糊。信息的流动不再是线性的，而是形成了一个动态循环，其中受众在接收信息后可以立即转化为传播者，而原传播者在接收到来自其他源头的信息时，也同样会变成受众。

（三）共享性

互联网技术的革命性发展将全球各地的计算机网络紧密相连，构建了一个庞大的信息共享平台。在这一平台上，新媒体借助通信卫星和全球互联网的力量，突破了传统有线网络的局限性以及地理和国界的约束，实现了信息传播的全球共享。这种技术进步使新闻信息和数据能够在全球范围内自由流通，也让人们的工作和沟通方式不再受限于特定的物理空间，如家庭、办公室或教室。

网络空间的开放性确保了信息传播的无界限覆盖和数据存储的海量化，使"地球村"的概念不再是遥不可及的梦想，而逐渐成为现实。在这个虚拟的全球村落中，每个人都有机会将自己的思想、作品和见解以文章、图片、视频等形式发布到互联网上，而这种发布完全不受地理位置的限制。不论是世界的哪一个角落发生的事件，或是任何国家的用户，只要能接入网络，就能够即时获取和分享这些信息。信息的共享性加速了全球范围内的信息流动，也促进了文化的交流与融合，为人们提供了一个互相学习和理解的平台。

（四）多媒体组合运用

网络媒体的出现标志着信息传播方式的一次重大革新，它通过综合运用文字、图片、声音、动画和视频等多种媒介手段，为信息的存储、展示和传播提供了前所未有的灵活性和丰富性。这种多媒体技术的应用继承了报纸、广播和电视等传统媒体的优势，还大幅度扩展了信息表现的可能性，使网络媒体成为全方位的信息传播平台。在这个平台上，信息的呈现形式变得极为多样，可以是静态的文字和图片，也可以是动态的声音和视频，甚至是交互性的动画。多样性使用户可以根据自己对信息的需求、个人喜好以及实际的接收条件，自主选择最合适的接收方式。无论是希望通过阅读获取深度分析，还是通过视频感受现场氛围，或是通过声音享受故事讲述，网络媒体都能提供相应的选项，满足用户的多元化需求。

（五）个性化

在过去的大众传媒时代，受众通常被视为一个广泛而匿名的集体，媒体内容的制作和传播往往采取一种一刀切的"同质化"策略，力求满足所有人的需求，但这种广泛覆盖的尝试难以精准满足每个个体受众的独特需求。如今，在新媒体兴起的背景下，信息的多样性和互动性使受众细分程度更加深化，使每个受众的个性和选择变得更为重要。新媒体时代，以用户为中心的传播模式成为主流，不同于传统媒体的宽泛，新媒体平台能够提供丰富多样的内容，让受众根据自己的偏好和需求进行个性化的选择和定制。此外，随着大数据和算法技术的应用，网络平台和服务提供商能够对受众进行更精细的细分，并向有不同特征的用户群体提供量身定做的内容和服务。这大大提升了信息传播的专业性、精准性和效果。

（六）虚拟性

新媒体的发展带来了信息与传播关系虚拟化的特征，这种虚拟性体现在两个主要方面。第一，信息内容的虚拟化。这是通过数字技术的应用而实现的，信息以数字代码（0 和 1）的形式存在，这使创造逼真的虚拟世界成为可能。通过先进的软件技术，人们能够制作出高度真实的电影特效、数字动画、Flash 游戏等内容，甚至能够创建仿真的虚拟人物和环境。这些虚拟制作丰富了新媒体内容的表现形式，也极大地扩展了人们对现实世界的想象和认知。第二，新媒体时代的传播关系，同样展现出了显著的虚拟性。与现实生活中面对面的人际沟通不同，在新媒体环境中，信息的发送者和接收者的角色可以灵活转换，且双方往往在虚拟的网络空间中进行互动，并且这种互动在进行时双方对彼此的身份不完全了解。这样的虚拟交流方式，虽然为人们提供了更广阔的交往平台，但也给人们带来了身份认知的模糊和人际关系的不确定性。

三、新媒体的类型

随着信息技术的飞速进展，人们见证了新媒体形态和种类的蓬勃发展，这为用户提供了更为丰富的选择，也带来了更为多样的传播方式。在理解新媒体时，人们可以从技术和传播两个不同的角度进行，因而人们对新媒体的分类也具有多样性特征。为了全面把握新媒体的特性，人们应该将技术视角与传播视角相结合，并考虑媒介的载体和内容。本书采用了这种综合的分类方法，旨在从技术细节到传播效果各个层面，对新媒体的种类进行详细划分，如表 1-1 所示。

表 1-1　新媒体类型

类别	具体形态
网络新媒体	门户网站、搜索引擎、BBS、博客、微博、RSS 订阅、社交网站、网络音视频、网络文学、网络游戏等
数字新媒体	数字电视、数字广播等
手机新媒体	手机短信、手机广播、手机报纸、手机微博、微信、抖音等

类别	具体形态
户外新媒体	车载广播、车载电视、地铁电视、楼宇电视、户外广告等
其他新媒体	特定场所（如 KTV、酒吧、电梯）新媒体等

表中网络新媒体主要指基于互联网平台而搭建的媒介，以个人计算机为主要接入设备，是人们日常获取信息、进行人际交流以及休闲娱乐的关键渠道。数字新媒体则利用先进的编码技术，实现了不同信息格式的整合与汇总，推动了传统电视和广播媒体的数字化转型，使之加入新媒体的行列之中。手机新媒体通过移动电话这一便携设备，为用户提供了随时随地交流信息的能力，强调个性化和即时性。户外新媒体在各种公共空间出现，与手机新媒体的私密性形成对比，面向更广泛的受众群体，具有很强的公开性和覆盖广度。而其他新媒体包括一系列在特定公共场合使用的、规模相对较小的媒体形态，它们丰富了新媒体的种类和应用场景。

四、新媒体的发展趋势

（一）数字媒体时代到来

随着数字化时代的到来，中国在网络信息技术方面迅速发展，朝着建立网络强国的目标稳步前进。这一进程在《中国制造 2025》计划中也得到了鲜明的体现，该计划旨在促进互联网、数字技术与经济、社会深度融合。在这个数字媒体盛行的时代，"用户"已成为信息传播领域的核心焦点，这也是时代的特征。新媒体转向更加注重通过内容和品牌影响力来吸引用户参与和体验，标志着注意力经济向体验经济的转型。

体验经济的核心在于提供能够使用户在情感、体力、心理、智力及精神上感到满足的个性化消费体验，进而创造出真正的经济价值。在这种经济形态下，个性化的服务既满足了用户的需求，还能够激发用户的积极感受。得益于新媒体技术的不断进步，提供信息和需要信息的角色转换变得更加可行，这为用户和内容创造者之间的互动提供了广阔的空间。伴随着 QQ、微博、微信等多种新媒体平台的兴起，新闻和信息的接收者变得更加主动，大众传播开始从传统的"一对多"模式转变为更加个性化、互动性强的"多对多"模式，这种变化促进了信息传播方式的多样化发展，也推动了新媒体进入一个以数字技术为核心的新阶段。在这个阶段，每个人都有可能成为信息的传播者，这大大增强了信息传播的效率和广度，同时为用户带来了更加丰富和个性化的信息体验。

（二）智能互联加速前进

随着技术的进步，媒体与人工智能技术的融合已经从初期的理念阶段跃进到了具体的产品实现阶段。现代技术，如智能推荐系统、语音识别技术和智能传感器的应用，正在逐渐改变新闻的生产和传播方式。这预示着智能移动互联网的新时代即将到来。这种技术进步为传统媒体带来了前所未有的挑战，促使人们对其进行结构重组和区域性整合，以适应新的发展趋势。

在新旧媒体的并行发展中，新媒体依托其时代背景，秉承移动先行和智能化的发展策略，致力产出高质量的内容。展望未来，新媒体和传统媒体的融合发展将不可避免地催生出新的评价标准和体系，以适应和引领媒体行业的变革。

（三）内容付费成为营利热点

"内容为王"不再是一个空洞的口号，而是新媒体生存和发展的核心。随着用户对内容质量的要求不断提高，内容的真实性和深度成为衡量新媒体成功与否的重要标准，这标志着新媒体时代从单纯追求"流量"向重视"内容价值"的转变。新媒体平台，如抖音等，通过吸引官方账号加入，成功展示了如何通过高质量内容影响力的构建，实现用户增长和流量变现。在这一背景下，内容付费模式成为新媒体营利的热点，通过提供付费内容，新媒体平台既能够"圈粉"，还能够激发用户的消费欲望。无论是通过精心策划的视频内容、吸引人的标题设计，还是通过有效的排版和视频运用，各种策略的实施都是为了吸引用户的注意力，并促使其付费。

在所谓的"后真相"时代，提供客观事实和有深入报道的内容变得尤为宝贵。新媒体产品领域也正在显现出这一特点，越来越强调内容的价值和质量。面对内容付费市场的持续扩大，知识 IP 和知识领袖的崛起，以及短视频和音频内容成为主流产品形态的发展现状，如何确保这些知识付费产品能够吸引足够的用户关注和打开率，成为行业面临的主要挑战之一。

（四）传播形式更显多样化

随着网络技术的快速进步，新媒体打破了传统媒体在内容传播和形式上的限制，为新闻传播提供了更加灵活多变的方式。不再局限于文字的单一形式，新媒体允许新闻内容融合图片、视频等多媒体元素，使信息更加直观生动，这丰富了新闻的表现形式，实现了传播方式的多样化发展。

在这个由新媒体主导的时代，智能手机和电脑等移动设备已成为人们日常获取信息的重要工具，这些设备的普及，使人们能够随时随地接触到各类新闻资讯，进一步推动了新闻传播形式的多元化。新闻内容的制作和发布不再完全依赖专业记者，网络的开放性让普通大众也有机会成为信息的传播者。这种变化满足了现代人多样性和个性化的信息需求，也为媒体行业带来了新的发展机遇。

新媒体的互动性特点则为新闻传播增添了新维度。观众可以通过评论、转发等方式参与新闻传播过程，这形成了信息在内容生产者和消费者之间双向流动的趋势。这种互动性增强了新闻的影响力，也为观众之间的交流和讨论提供了更多便利，使新媒体平台成为一个充满活力的公共讨论空间。

（五）社交产品成为新势力

在数字时代的浪潮下，社交化电商迅速崛起，成为电子商务领域的一股新兴力量。微信等社交平台的功能的日趋完善，以及电商平台之间竞争愈发激烈的竞争，使电商社交化策略开始兴起。平台（如拼多多、小红书、有赞、云集等）通过社交电商模式，有效地突破了传统电商在流量获取上的瓶颈。这一策略依托于深挖用户个人及其社群网络的潜力，以建立信任和利用人际关系网络为核心，实现了对商品和服务的有效推广。

展望未来，新媒体的发展潜力依然很大，预计其影响范围将更加深广。社交化产品，凭借其独特的用户连接能力和信任构建机制，将继续在为消费者提供更加个性化、便捷的购物体验方面发挥关键作用。

第三节　新媒体与技术变革

一、驱动新媒体发展的技术类型

自20世纪80年代起，媒体技术的革新步伐明显加快，推动了新媒体的快速发展。这一时期，以最先进的科技进展为依托，新型的传播媒介相继涌现，特别是随着卫星通信、数字化技术和计算机网络的进步，如卫星电视和移动通信等新媒体形态开始成为信息时代的重要标志。1983年不仅被联合国命名为"世界传播年"，还在西方被广泛认为是"新媒体纪元年"，象征着人类社会正式进入了一个以信息流通为核心的新时代。

新媒体技术主要利用计算机作为处理工具，采用先进的数字通信技术和基于网络的信息交换方式，实现了信息的采集、编辑、处理、回应传输，以及展示。这套技术被广泛应用于各类大众传媒领域，并渗透到了各个行业之中，拓展了信息传播的范围和效率，为大众传播和专业领域带来了前所未有的便捷和效能，标志着社会传播方式的一次重大变革。[1]

---

① 严三九，南瑞琴.新媒体概论[M].2版.武汉：华中科技大学出版社，2019：12.

（一）数字技术

数字技术主要涉及将各类信息，包括图像、文本、音频和视频等，转换成电子计算机可以识别的二进制代码，即"0"和"1"。通过这种转换，信息能够在数字形式下被运算、处理、存储、传输并最终还原，实现了对抽象信息的可感知、可管理和可互动处理。在这个数字化的时代，比特流和信息流已经成为人们生活空间的一部分，互联网成为人类交互的主要平台，影响着人们的学习、生活和工作方式。家用电器甚至可以被纳入家庭网络中，由电脑进行集中管理，而人们可以在任何时间、任何地点通过任何设备获取所需的信息。

在新媒体领域，数字技术展示出独特的魅力和广泛的应用前景，其影响已经从简单的信息传递扩展到了社会经济和生活的各个方面。数字信号抗干扰能力强、信号质量高、还原效果优秀，这些特点使数字技术在信息的存储和传输上具有显著的优势。例如，与模拟信号相比，数字技术录制的视频资料可以经受多次非线性编辑而不损失画面质量，这一点在视频制作领域尤为重要。此外，数字压缩编码技术显著提高了信息的存储容量和传输效率，同时不影响其速度和质量。数字技术更进一步促进了移动通信和互联网等平台的融合，实现了跨媒体平台的信息资源整合，让数字信息能在多个平台上实现互通和广泛传播。基于流媒体技术的数字传输和压缩技术被广泛应用于网络传输，而计算机图形和图像技术的应用也大大推动了数字娱乐产业，尤其是动画技术的发展。人机交互技术、数字图形和显示技术的进步则为虚拟现实技术的应用提供了强大支持，这些技术被广泛运用于娱乐、广播、显示设备和教育等领域，极大地丰富了人们的数字化体验和互动方式。

新媒体产业的兴起和蓬勃发展正在全球范围内展开，这得益于数字技术的持续进步和革新。这一产业的快速成长，尤其是网络技术与文化产业的深度融合，为人们提供了全新的信息传播和娱乐体验。在传播载体方面，传统以个人电脑为主的网络媒体正面临着来自智能手机和平板电脑等移动互联网终端的强烈挑战。目前，移动化和智能化已成为数字传播的显著的发展方向，这标志着一个信息传播无处不在的新时代即将到来。

移动互联网技术的发展与各种智能终端的普及紧密相连，它超越了传统互联网技术的局限，实现了技术上的创新和继承。相较于过去只能依靠有线连接上网的局限，移动互联网技术充分发挥了便携性优势，可以满足用户随时随地接入网络的需求，并有效利用了用户的碎片时间。这种技术的发展不仅仅是移动通信和互联网技术的简单叠加，还是一种基于传统互联网技术的创新性跨越。随着无线通信技术和智能移动终端的不断进步，未来的信息传播将更加普及和便捷，让每个人都有可能成为信息的传播者和接收者，并极大地扩展信息传播的深度和广度。

（二）通信技术

通信技术利用各种电磁系统，包括有线电路、无线电波和光纤系统等，实现了文字、图像和声音等信息的传播、发送和接收。地下的光纤网络、地面的电话线路以及轨道上的通信卫星共同构筑了一个复杂的三维通信网络，使人们能够进行跨越大距离的通信和信息交换。移动通信作为现代通信技术中发展迅速、潜力巨大并且市场广阔的领域，自1986年美国芝加哥推出第一代移动通信系统以来，便开始迅速发展。这套系统基于模拟信号传递技术，主要支持基础的语音传输功能。但这一代技术存在较多的问题，包括语音质量较差、信号不稳定，以及覆盖范围有限等。进入1995年，随着新通信技术的成熟和模拟向数字技术的转变，第二代移动通信技术（2G）诞生，2G技术在声音质量上有了显著提升，并引入了数据传输服务，这标志着文本消息传输的实现和移动互联网的初步应用。随着人们对移动网络需求的增加，第三代移动通信技术（3G）应运而生，人们发明3G是为了在新的频谱上制定标准，实现更高的数据传输速率。2000年5月，国际电信联盟（International Telecommunication Union, ITU）确定了包括WCDMA、CDMA2000、TD-SCDMA在内的主流无线接口标准，并在IMT-2000技术指导文件中对其予以规范。3G 技术的主要进步在于能够提供更高速的声音和数据传输，支持全球无缝漫游，并能处理更多种类的媒体内容，如图像、音乐和视频流。得益于 3G 技术的发展，视频电话和大数据传输变得更加普遍，移动通信应用也更加多样化。

第四代移动通信技术（4G）的诞生代表了无线蜂窝通信技术的一次飞跃，它融合了第三代（3G）和无线局域网（WLAN）的优势，提供了与高清电视相媲美的视频和图像传输质量。4G 技术能够实现高达 100 Mbps 的下载速度，这比之前的上网速度快了约 2000 倍，同时，其上传速度可达到 20 Mbps。2013 年 12 月，中国的工业和信息化部官方网站宣布，中国移动、中国电信和中国联通三大运营商获得了 4G 运营许可，这标志着中国的移动互联网速度达到了新的高度。

随后，第五代移动通信技术（5G）的发展开启了移动互联网和物联网融合发展的新纪元。国际电信联盟将 5G 的应用场景大体分为两类：移动互联网和物联网。5G 技术不只是一种单一的无线接入技术，而是将多种先进的无线技术和现有技术集成后的综合解决方案，具有低延迟、高可靠性和低能耗的特性。自 2020 年起，5G 技术为人们带来了丰富多彩的应用体验，开启了无线通信技术的新篇章。

（三）网络技术

计算机网络技术的核心在于将地理位置分散的计算机及其外围设备通过通信线路互联，实现数据和资源的共享，以极大地提升计算机的工作效率和资源利用率。这一技术是计算机科学与通信技术相结合的产物，通过网络互连和资源共享机制，显著增强了计算机处理信息的能力。

构成计算机网络的基本要素包括通信介质与设备、计算机本身及网络协议。网络协议作为一套规则或标准，能够确保网络中的计算机以统一的方式交换信息。计算机网络的架构被细分为七层模型，其中物理层负责处理网络的实体连接和物理设备；数据链路层则确保信息在有可能出现错误的物理线路上能够安全、准确地传输；网络层至应用层，各层负责不同的任务，包括网络的管理、会话控制、数据表示以及为用户应用程序提供直接服务，共同实现网络资源的高效管理和分配。自 1969 年美国国防部的 ARPANET 项目启动以来，计算机网络技术经历了飞速的发展，各国的网络系统逐渐相互连接，形成了一个全球性的网络——国际互联网。在众多网络体系结构中，TCP/IP 协议和国际标准化组织的 OSI 模型是两个最为重要和被广泛应用的标准，TCP/IP 协议以其简洁高效的特点，成了互联网通信的基础，而 OSI 模型则以其详尽的层次划分，为网络通信提供了一个清晰的理论框架。

在 20 世纪 90 年代初，美国政府于 1993 年发表《国家信息基础设施行动动议》文件，此举开启了人类构建信息超级高速公路的浪潮，极大促进了计算机网络技术的飞速进步，推动网络技术朝更快速、更综合的方向发展。随着局域网技术的成熟，网络世界迎来了光纤通信、高速网络、多媒体和智能网络技术的兴起，网络环境对用户而言变得无所不在，仿佛一个无形的巨大计算系统。

随着 4G、5G 网络技术的相继问世，互联网与通信网络实现了无缝融合，这种进步拓宽了网络媒体的覆盖范围，也使通过无线设备传递信息成为日常现象。智能手机的普及进一步加速了移动互联网技术的发展，其独特的操作系统和无线上网功能让手机具备了类似电脑的强大功能，智能手机上的各种应用程序也体现了移动互联网的特色，使信息传播方式更加灵活多样。这一时期的互联网经历了前所未有的发展，展现出高速、综合、国际化和智能化的特点，彻底改变了人们的生活和工作方式，计算机网络技术的进步成为推动社会信息化进程的关键力量。

二、新媒体的技术发展趋势

（一）移动技术和社交应用程序

移动技术的飞速发展使媒体公司除在社交网络平台上增加投入外，还纷纷着手开发自己的应用程序，目的是在自有平台与第三方平台之间实现内容发布的均衡。在新媒体领域，运用"两微一端"的策略，即微信、微博和移动端应用程序，已成为多数媒体公司占据移动互联网市场的基本做法。许多公司正在加快步伐，开发第二甚至第三个应用程序，以移动解决方案为核心，所实施策略的重点从最初注重控制和安全，转变为构建支持业务增长的平台，这一转变标志着策略方向上的明显变化。为了应对技术多样化和平台碎片化的挑战，大多数开发移动应用的公司采取了支持多种技术方案的策略。越来越多的媒体机构选择采用 Web 应用程序架构，旨在解决平台分散的问题，并充分利用现有的开发资源，这种做法有助于优化资源配置，提高开发效率。

在移动应用开发领域，并没有一种普遍适用的开发策略，但根据国际数据公司的研究，大多数媒体公司倾向于采用以下三种主要战略：第一，多渠道开发战略。它强调移动优先的重要性，但同时认识到了网站的价值，这使媒体公司需要一个能够同时支持网站和移动应用开发的统一平台。第二，基于云计算的平台建设。大多数媒体公司面临时间、资源和资金的限制，云平台以集成安全性，应用设计、开发管理、内容管理、数据分析和报告为一体为特点，能够帮助缩短产品上市时间并提高对计算资源的利用效率。第三，整合多种数据来源的战略。这一战略十分关键，客户端应用程序必须能够与多种后端数据源进行交互，以确保数据的流动性和应用的功能性。

（二）云计算

云计算技术以开放标准和服务为基础，通过互联网提供的安全、快速且方便的方式进行数据存储和网络计算。简单来说，在这种模式下，用户所需的软件不只是在个人电脑上运行，还能被部署到由大量服务器组成的互联网数据中心中，这意味着用户处理的数据也不再保存在本地硬盘，而是被存放于远端的服务器上。云服务提供商承担起了数据中心的管理和维护工作，确保提供强大的计算资源以满足用户需求。

云计算的主要优势在于它能显著降低 IT 成本并提高系统的灵活性。

根据资源的配置和管理方式的不同，云计算主要分为公有云、私有云（包括托管私有云和内部私有云）两种类型。私有云服务是一种向单个客户提供独占资源服务的模式，而内部私有云则是指企业或组织利用公有云的技术框架，在自己的内部 IT 系统中建立的一个共享服务平台。公有云因其快速、成本效益高的特点而受到各种规模组织的青睐，但公有云的数据存储位置不明确，以及数据访问权限存在不确定性，因此一些用户对其安全性表示担忧。这种担忧，加上潜在的高昂流量费用，推动了私有云解决方案的兴起。私有云提供了一个受防火墙保护的环境，这使托管私有云成为增长最快的云计算模式。此外，内部私有云适用于那些拥有未被充分利用的数据中心资源或希望能更严格控制其基础设施的组织。随着技术的发展，私有云的普及率预计将达到最高，私有云的架构建立在基础设施之上，能使用户以传统方式运行授权应用程序或自主开发的应用。这种模式既增加了数据处理的安全性和私密性，还给用户提供了更大的自定义和控制能力，满足了特定行业对数据保护、合规性和性能方面的需求。

（三）虚拟现实

虚拟现实技术通过两个主要发展阶段，逐渐深化了其对用户体验的优化程度。在第一阶段，该技术致力提升"虚拟"的"现实感"，通过精细构建视觉效果、情节脉络和交互设计，实现了让用户感觉自己真正置身于虚拟环境中的目标。这一阶段的核心在于通过全面的内容构建，增强用户的沉浸感和体验。进入第二阶段，虚拟现实技术的重点转向加强虚拟世界与现实世界之间的联结与相互作用，目标是通过高度仿真的模拟，有效缩短人与人之间的物理距离。这一进步不局限于视觉效果，更包括对真实世界的全方位模拟，包括声音、触觉等多维度的感知，以带来前所未有的交互体验。

在技术挑战方面，虚拟现实面临的两大问题是"实物的虚拟化"与"虚拟物的实化"。实物虚拟化关键技术，如基础模型的构建、空间与声音的跟踪、视觉追踪和视点感应等，是带来虚拟环境中真实感体验的基石。而虚物实化则涉及如何在虚拟环境中复现视觉、听觉、嗅觉和触觉等多重感官的体验，这些技术的进步确保了用户能够在虚拟空间中获得与现实世界相仿的感知体验。

增强现实技术（Augmented Reality, AR），一种在虚拟现实（Virtual Reality, VR）的基础上衍生而来的前沿技术集成了计算机图形学、光电成像技术、显示技术集成、多重传感器技术、图像处理以及计算机视觉等多学科知识。AR 通过在用户的实际视野中叠加计算机生成的图像或信息，对现实世界的视觉体验进行增强或扩充，从而创造出一种融合了现实与虚拟信息的增强式体验。这种技术能够同步展现虚拟对象与实际环境中的物体，还能提供与现实物体相关的额外信息或数据。增强现实技术为用户带来了一种全新的互动体验，它能将通常在现实世界中难以被直接获取的信息，如视觉效果、音频信息，甚至是味觉和触觉感受，通过科技手段模拟并重叠到真实世界中，丰富了人类的感官体验并拓展了感知的边界。

在新闻传媒行业中，增强现实和虚拟现实技术正成为一种新兴的叙述媒介，它通过沉浸式体验连接用户与新闻事件或影视作品中的人物和情节，为传统的叙事方式注入新的活力。例如，英国广播公司（BBC）与英国阿德曼动画公司合作，利用 VR 技术讲述了一个叙利亚家庭踏上前往希腊之旅的故事，通过虚拟现实技术，观众可以深入体验这一旅程的艰辛与人物的情感。

第二章　新媒体营销的理论基础

第一节　新媒体营销的基本内涵

一、新媒体营销的概念

新媒体营销是一种随着新媒体技术进步而兴起的营销手段，是利用网络平台、社交媒体等新兴渠道进行的营销活动。与传统营销手段相比，它不仅追求广泛的覆盖范围，如传统媒体中的发行量、收视率或网站访问量，还能够提供更加细致的数据分析，如用户来源、访问时间、年龄分布、地理位置，以及消费偏好等，进而实现对目标群体的精准营销。

新媒体营销的核心优势在于其能够打破传统营销的界限，实现从单向传播到互动交流的转变，该方式有助于企业更深入地了解消费者，并根据收集到的数据进行个性化营销，有效提高营销效率和降低成本。此外，新媒体营销也为品牌提供了更多元化的展现形式和传播路径，使品牌信息传播更迅速，品牌影响力得以迅速扩大。在实践中，新媒体营销通过精细的市场分析，对消费者进行有针对性的心理引导和情感触达，这是一种有商业策略的软性渗透，更是一种借助新媒体强大传播力量和社会舆论影响力，促使消费者产生与企业品牌和产品销售目标相一致的认同感和信任度的策略。新媒体营销还体现了一种品牌与消费者之间的动态互动关系，通过社交网络、博客、论坛等平台，企业可以实时听到消费者的声音，快速响应市场变化，及时调整营销策略。双向的互动加深了消费者对品牌的理解和其与品牌的情感连接，也让营销活动更加人性化、个性化，在很大程度上提高了营销的有效性和消费者的满意度。

二、新媒体营销的特点

新媒体营销主要有以下几个特点，如图 2-1 所示。

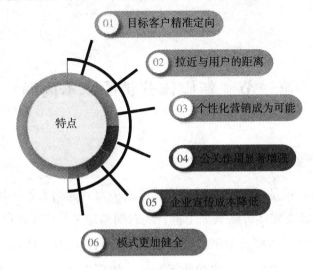

图 2-1　新媒体营销的特点

（一）目标客户精准定向

新媒体通过其包罗万象的内容和多样化的平台，如微信、微博、个人博客和各类论坛，为广大用户提供了一个自我表达和信息分享的广阔舞台。这些平台上充斥着关于生活、学习、工作等方面的讨论，这些讨论呈现了空前的信息多样性和讨论深度。企业通过深入分析这些社交平台上海量的数据，可以深度洞察并理解用户的具体需求和偏好，这些洞察为产品的设计和开发提供了极为重要的市场信息。利用新媒体的这一特性，企业能够精确地识别并定位其目标客户群体，还能够为其量身定制产品和服务，实施精准营销和高效的用户吸引策略。

（二）拉近与用户的距离

新媒体的兴起和移动互联网技术的发展彻底革新了信息传播的模式，进一步改变了企业与消费者之间的互动关系。不同于传统媒体的单向传播，新媒体允许消费者通过现代网络通信技术主动参与互动交流，从被动接收信息转变为主动交流。这种互动性使信息传播更加实时和无界限，还极大地提高了营销活动的效率和效果。

新媒体营销的实施，依托于智能手机和其他移动设备的广泛普及，确保了营销信息能够随时随地地触及目标受众，无论他们身处何地。这种全时全地的信息触达能力，极大地缩短了企业与用户之间的距离，增强了双方的互动深度和广度。基于新媒体技术的营销策略有效降低了市场营销的前期风险，同时为企业提供了实时反馈和市场动态，使营销决策更加精准和高效。这种双向的、互动的通信模式，提升了用户体验，也为企业打造持久的客户关系提供了强大的支撑。

（三）个性化营销成为可能

在传统媒体主导的时代，大规模的广播和出版媒体几乎垄断了信息的传播，消费者只有有限的信息选择权和表达空间。但随着新媒体时代的到来，信息技术的日益进步给消费者赋予了前所未有的自主权，允许他们根据个人偏好筛选信息，并主动表达个人意见和需求。这种变化使消费者在信息的海洋中既是接收者也是传播者，他们的选择和拒绝直接影响了信息传播的有效性。

在这样的背景下，个性化营销应运而生并迅速成为新媒体营销的核心策略之一。举例来说，亚马逊和苹果的应用程序商店都通过采用高度个性化的营销策略满足消费者的独特需求，亚马逊通过分析消费者的购买历史和浏览行为，为每位用户推荐符合其偏好的商品，进而提供量身定制的购物体验。同样，苹果的应用商店通过提供多样化且具有个性特征的应用程序，满足了用户对个性化产品的需求。

新媒体技术使个性化营销成为可能，并且大大降低了实现这一目标的成本。在互联网环境下，消费者可以直接参与产品开发和改良，通过即时的反馈机制，让企业更好地理解他们的需求，以便生产出更符合个人需求的产品和服务。这种生产与消费的紧密结合，提升了消费者的满意度，也为企业带来了更高的市场适应性和竞争力。

（四）公关作用显著增强

在新媒体的时代背景下，营销策略的演变既扩展了企业公关的领域，还整合了客户关系管理和资源优化等关键业务。[①] 这种变化使公关的角色在营销活动中变得更加关键，要求企业内部的多个部门与公关团队进行紧密的协作和配合，以发挥新媒体平台的最大效用。公关在塑造品牌形象、管理危机、维护客户关系及推广企业文化方面的作用日益凸显，这成为新媒体营销策略的一个显著特征，新媒体公关也是企业适应数字化营销环境、实现持续发展的一种必然趋势。

（五）企业宣传成本降低

在新媒体的时代，信息的发布几乎无需成本，而对大多数受众来说，接收这些信息是免费的，这一现实对在新闻产品制作上有效高成本的传统媒体构成了明显的挑战。特别是社交媒体的兴起，它为企业提供了一个成本效益极高的平台，使舆论监控变得简单且经济。在社交网络平台普及之前，企业要想对公众意见进行监控是非常困难且成本高昂的。现在，社交媒体已被证明是危机管理中不可或缺的工具，负面信息往往从较小的群体开始传播，如果企业能够实时监控并快速响应这些信息，就能有效预防品牌危机的发生或扩散。通过利用社交媒体进行实时的舆论监测和管理，企业能够及时地发现并处理潜在的负面信息，还能大幅度降低因危机公关而产生的高昂成本，实现品牌保护的同时，优化营销预算的使用效率。

---

① 吉峰，牟宇鹏.新媒体营销 [M].徐州：中国矿业大学出版社，2018：4.

（六）模式更加健全

新媒体的多样性为营销策略提供了更多的平台选择，使企业能够根据自身特点和目标市场的需求，采用多元化的营销模式。在当前的营销实践中，一些成熟且效果显著的策略包括微博营销、社交网络服务营销、网站营销、视频营销，以及搜索引擎营销。这些模式利用新媒体的特点，如即时性、互动性和广覆盖性，为企业提供了有效触达目标受众和展示品牌价值的途径。

三、新媒体营销的分类

（一）病毒营销

病毒营销策略通过激发公众的参与热情并利用已建立的社交网络，实现营销内容的迅速传播，类似于病毒在人群中迅速扩散。这种方法使营销信息能够在极短的时间内被广泛分享，触达数十万乃至数百万潜在客户。其效果在于能深入人心，像病毒一样迅速复制并广泛传播，使信息能在短时间内触及更广泛的受众群体。

（二）事件营销

事件营销需要企业巧妙地策划和落实那些具备新闻潜力、社会影响力或能激发公众兴趣的活动和事件方案。这种营销手段旨在借助事件本身的吸引力，包括可能涉及的知名人士或具有重大社会影响的事件，俘获媒体和公众的注意力。

（三）饥饿营销

饥饿营销是一种特定的商品和服务推广策略，指生产商故意减少产品的供应量的营销方式，目的是人为地创造一种供不应求的局面。这种做法旨在操控市场的供求关系，通过营造一种产品稀缺的气氛，增强消费者对产品的渴望，从而维持或提升产品的市场地位、销售价格和利润空间。

（四）知识营销

知识营销是一种策略，指企业利用其持有的有益知识资源，如深入的产品详情、前沿的研究成果、独特的经营哲学、先进的管理理念，以及鲜明的企业文化等，分享给目标受众并进行传播。知识营销的目标在于借助知识的力量，将潜在的客户群体转化为实际的购买者，并且通过提供有价值的内容，巩固企业的市场地位和品牌价值。

（五）互动营销

互动营销是一种以沟通为核心的策略，它的实施依赖企业与消费者之间的双向交流。在这种营销模式下，寻找和利用双方共有的利益点成为关键，同时，企业必须灵活地把握与消费者互动的最佳时机和方式，以便更紧密地与消费者方互动。这种营销策略特别注重双方行为的协同，通过互动的过程，刺激消费。

（六）情感营销

情感营销深入挖掘消费者的情感和心理需求，通过触动他们的内心，引发情感上的共鸣，将情感元素融入营销策略之中。这种方法强调在激烈的市场竞争中，通过情感的力量建立与消费者之间的深层次连接。在当今情感消费的时代背景下，消费者对商品的选择不再只是基于物质属性，如数量、质量或价格，更多的是寻求情感上的满足和心理上的认同。

（七）会员制营销

会员制营销策略涉及企业建立会员系统，为会员提供定制化服务和有针对性的营销活动等行为，目的在于增强客户的品牌忠诚度并实现企业收益的持续增长。在这种营销模式下，会员卡作为消费者身份的象征，不仅能使其在消费时获得独享的优惠和特权，还能通过累积消费记录和偏好数据，让企业更精准地满足会员的个性化需求。该模式中企业通过给消费者提供超出期待的服务和体验，鼓励顾客重复购买，促进正面口碑的传播。

（八）口碑营销

口碑营销，本质上依赖顾客对产品的自主推广与推荐。在这个由分享文化和互联网互动性塑造的时代，人们对新奇事物的自然倾向和分享欲望成了营销所利用的核心。产品初次被消费者接触和体验标志着营销活动的初步成功，而随后，产品能否持续吸引顾客，赢得他们的信任与喜爱，便取决于其品质和实用价值的真实性。产品一旦获得消费者的认可，便能自然而然地进入口碑传播的阶段，消费者会通过各种线下和线上的渠道，向周围的人推荐，无论是在亲友小圈子中还是广泛的未知群体，口碑营销都能产生显著的营销效应。

四、新媒体营销阶段

新媒体营销阶段按照从最大展示量到最小订单量排序，呈现出参与人群逐层缩小的趋势，因此其也被称作营销漏斗，如图 2-2 所示，主要包括五层。可以用如下五个关键阶段描绘营销过程中的每一步：展示、点击、访问、咨询和最终的生成订单。在这个模型中，每一步都有潜在客户数量的减少，形象地展示了潜在客户变成最终购买者的筛选过程。展示量最大，代表着所有可能接触到产品信息的观众，而订单量最小，代表着决定进行购买的消费者。这个过程中，不断有潜在客户因为各种原因退出，可能是失去了兴趣，或者是决定不购买，最终留下的是那些真正决定购买产品的消费者。

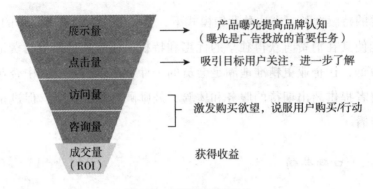

图 2-2　新媒体营销漏斗

第二节　新媒体营销的原则与体系

一、新媒体营销的原则

新媒体营销应当遵循六大原则，如图 2-3 所示。

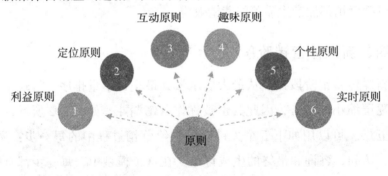

图 2-3　新媒体营销的原则

（一）利益原则

营销活动的核心之一是确保所提供的产品或服务能够满足目标受众的具体需求和利益，这要求企业深入理解目标客户的观点、立场，仔细考量能够为他们带来哪些实际价值。这种"利益"概念并不局限于物质层面的利益，还涵盖了为用户提供的有价值的信息、功能的提升、服务质量的优化，以及超越消费者心理预期的满意度和荣誉感。换言之，营销是销售产品的过程，更是一个创造并传递多维度价值的过程，旨在通过满足用户的深层次需求，在品牌与消费者之间建立长期的信任和忠诚度。

（二）定位原则

精准的市场定位使企业能够依据自身资源优势和市场环境的实际情况，明确地将自己的品牌与特定的目标消费群体相匹配。通过这种方式，企业能够更有效地展示其品牌的价值，并确保营销信息能被更加精确地传达给那些最有可能响应的消费者。一个明确且持续的定位策略能够显著促进企业的成长和市场份额的扩大，相反，若定位模糊不清或未能准确捕捉到目标市场的特征，企业可能会面临资源的浪费和潜在的市场机会损失。

（三）互动原则

互动原则强调在新媒体营销中尽可能利用网络的互动性质，以实现与目标受众的有效沟通和交流。支持互动原则策略的专家认为，激活消费者的参与和创造力，可以深化他们对品牌的认知和情感联结。将消费者视为营销过程的主动参与者，而不只是被动接受者，能够促进品牌与消费者的平等对话，给消费者以独特的品牌体验。在这种模式下，品牌不再是一个固定不变的成品，而是一个动态发展的实体，其最终形态在很大程度上由消费者的体验和参与共同塑造。

实现有效互动的关键在于营销人员能否找到创新的方式，引导并促进品牌和消费者之间的交流。企业需要倾听消费者的声音，并提供平台，让消费者的反馈和创意得到体现。在这样的互动过程中，消费者的每一次参与都将加深其对品牌的印象，同时，品牌能通过这种互动了解到消费者的真实需求和偏好，以此为基础不断优化产品和服务，形成强大的竞争优势。

（四）趣味原则

在新媒体营销的实践中，注入趣味性和娱乐元素成为吸引年轻消费者的关键策略。当前网络用户群体中年轻人占据了主导地位，而他们的在线活动往往围绕寻求娱乐和乐趣展开。无论是玩网络游戏、观看在线视频，还是参与社交媒体上的八卦和新闻讨论，娱乐需求贯穿了他们的日常生活。为了抓住这一群体的注意力，新媒体营销必须设计富有创意和趣味的内容。这意味着，营销信息需要通过吸引人的标题、引人入胜的图片和幽默风趣的文字等，激起目标受众的兴趣和好奇心。营销活动信息只有在众多信息中脱颖而出，通过趣味性引发消费者的情感共鸣，才有可能进一步促进企业与消费者之间的深层次互动，建立起利益合作的桥梁。

（五）个性原则

新媒体营销在数字化时代展现出其独特优势，尤其是在实现"一对一"的个性化营销方面。个性原则强调利用网络的数字化特性，为每位目标消费者量身定制营销内容，以激发其对品牌的持续关注和兴趣。这种策略依托于对消费者偏好的深入分析和数据驱动的洞察，使每次营销推送都能精确契合消费者的个人需求和兴趣点。

采用个性化营销手段能够让消费者感受到品牌的专注和重视，还能极大地提高营销信息的相关性和吸引力，有效提高消费者的参与度和购买意愿。个性化的核心在于"因为个性，所以精准；因为个性，所以吸引人"，通过提供符合个人偏好和需求的信息，新媒体营销能够在众多信息的海洋中突出重围，直击消费者的痛点，实现营销效果的最大化。

（六）实时原则

在数字化时代之前，传统媒体的信息发布通常遵循着固定的时间表，导致消费者对信息的接收和关注存在明显的时段性。然而，随着新媒体的兴起和互联网技术的发展，这一局面发生了根本性的转变，新媒体不仅能够在特定时段发布信息，更重要的是，它能够实现 24 小时不间断地更新和传播信息，迅速跟进时事热点，实时地响应用户的需求和反馈。

这种实时性原则显著提升了营销信息的时效性和相关性，使营销活动能够迅速吸引用户的注意力，并在很短的时间内聚集大量用户的关注。通过即时更新内容和快速响应市场变化，企业能够更有效地参与消费者的日常生活，提高品牌的可见度和影响力。实时性原则还为企业提供了及时收集市场反馈、调整营销策略的可能，进而在激烈的市场竞争中占据有利地位，达到更为出色的营销效果。

二、新媒体营销的体系

随着数字和通信技术的飞速发展，新媒体与传统媒体的界限已经逐渐模糊，不仅在传媒业和通信业之间，还在有线网络、无线网络、通信网络和电视网络之间建立了新的连接。这种技术的融合和兼容性使媒体的形态更加多样化，从根本上改变了媒体产业的结构，也革新了受众获取信息和传播信息的方式，引领了一场终端使用的革命。

在这个变革的时代，营销人员面临着重建营销体系的挑战。构建新媒体营销体系的核心举措在于两个方面：一个是建立庞大的消费者数据库，另一个是创建共创共享的传播平台。企业必须深入挖掘和分析消费者的兴趣与需求，以此为基础构建详细的消费者资料库。还应依托新媒体的特点，搭建一个既能展示企业品牌和产品，又能促进消费者参与和内容共享的信息平台，通过这样的平台，企业可以根据消费者数据、新媒体的独特属性以及自身的发展目标，策划并实施精准的营销战略。企业可以运用大数据技术对营销效果进行评估和优化，以确保营销活动的精确性和效率得到显著提升。这种以数据和平台为支撑的新媒体营销体系，是适应数字化时代营销环境变化的关键。

（一）建立以消费者为核心的数据体系

新媒体的互动性质为企业提供了前所未有的机会，企业既可以在网络上收集到消费者的行为数据，还能深入了解消费者的偏好和需求。在这个过程中，品牌形象和价值不再由企业单方面塑造，而是通过广泛的网络用户参与共同构建。社会化媒体的崛起使互动变得尤为关键，企业更加渴望与消费者建立起积极的互动关系。这种双向互动包括企业与消费者之间的交流，也包括消费者之间的相互作用。通过有效的信息交换和互动，企业能够有效地塑造积极的品牌形象，精准捕捉到消费者的真实需求和偏好，进而实现对消费者行为的精确洞察和引导。因此，构建一个以消费者为中心的数据体系是新媒体营销的核心，这个数据体系需要包括消费者数据库，以及经销商和企业员工数据库，以更好地理解和满足消费者需求。

在这个以消费者为中心的数据体系中，对消费者的深入洞察和了解成为赢得市场的关键，创新和改善消费者体验成为留住消费者的必要条件。

（二）构建信息传播生态系统

在新媒体时代，信息的传播途径因其固有的融合性和社交性而变得异常多样和广泛。这个时代的标志性特征是每个人都能成为信息的传播者，每个人的声音都有可能被放大，形成独特的"自媒体"现象。信息在消费者之间被共享和传播，就像病毒一样迅速蔓延，这种现象要求企业既要关注传统的营销渠道，还要积极融入这个全新的信息传播生态系统。为了有效利用新媒体的这一特性，企业需要构建一个包容性强的信息传播生态系统，这一系统应涵盖从目标消费者到营销人员，再到媒体达人、意见领袖以及广泛的网民群体等各个层面。企业通过这个生态系统，能够实时捕捉到品牌、竞争对手乃至整个行业的动态，紧跟网络舆论的变化和消费趋势的演进，确保信息传播的及时性和有效性，保持与消费者和公众的沟通渠道的畅通，以维护和加强与客户的关系。

（三）打造全平台内容营销生态闭环

在新媒体时代的营销舞台上，企业面临着前所未有的机遇和挑战。随着互联网技术的飞速发展，从门户网站到社交媒体，从移动应用到在线视频平台，各种新媒体形态为品牌提供了丰富多样的营销渠道。从传统的个人电脑到移动端的智能手机和平板电脑，多种设备的普及为营销信息的传播提供了广阔的平台。营销内容的表现形式也更加多元化，包括文字、图片、视频、音频等，这些都是企业传达营销信息的有效工具。在这样一个多元化的营销环境中，企业要想在竞争中脱颖而出，必须构建一个覆盖全平台的内容营销生态闭环，有效整合不同的营销渠道和工具，以吸引和激励消费者的积极参与，形成强大的口碑效应，从而最大程度上提高企业资源的利用效率和企业的市场效益。

（四）利用大数据进行效果评估

在新媒体的环境下，企业面对的是一个数据海洋，其中蕴藏着无数关于消费者行为和偏好的宝贵信息，但如何有效地挖掘和应用这些数据，以及如何解决关键数据难以获取的问题，是企业亟须解决的难题。为了充分利用数据资源，企业必须建立一个基于大数据分析的营销效果评估体系，这有助于客观地评价营销活动的成效，为营销策略的优化提供有力的数据支持。

第一，企业需要利用数字媒体的特性，通过搜索引擎优化、口碑营销和舆情监控等工具评估品牌广告和营销活动的效果。这些工具能够提供关于品牌曝光度、消费者反馈和市场情绪的实时数据，帮助企业及时调整营销策略。

第二，建立一个合理的效果评估体系，这个体系应该包括多维度的评估指标，如品牌认知度、消费者参与度、转化率以及消费者满意度等，以全面评价营销活动的综合绩效。通过对大数据的深入分析，企业能够更精确地了解营销活动对目标群体的影响，从而有效提高营销的精准度和效率。

在电子商务领域，大数据技术已经被广泛应用于店铺评级中，成为衡量店铺运营和营销效果的重要工具。通过分析消费者的购买行为、点击率和售后服务等数据，企业可以获取关于店铺表现的全面信息，例如，京东通过引入店铺评级体系，既在消费者端提高了信息的透明度，使消费者能够基于翔实的数据做出更加明智的购物决策，也为商家提供了宝贵的反馈，帮助他们识别自身的优势和不足，进而不断改进服务质量和运营效率，与消费者进行良性互动。

第三节 新媒体营销的优势与必要性

新媒体营销，作为现代营销策略中不可或缺的一环，充分利用了互联网、移动设备、智能手机、虚拟现实技术等先进科技平台进行市场推广，成为企业与消费者互动的新领域。随着科技的不断进步，媒体界内部的竞争愈发激烈，各式媒体平台都力图证明自己是最有效的营销渠道。在这个背景下，移动互联网已经成为营销人员竞相夺取的战场，新媒体营销不只是发布信息的平台，更成了营销人员展现创意的舞台。新媒体营销的优势与必要性主要体现在以下几个方面。

一、快速、高效的新媒体能传递大量观众信息

（一）市场用户基数大，话语权则大

在数字化时代的浪潮下，新媒体的兴起已经极大地改变了营销领域的面貌。以微信为例，通过开放第三方合作、推广公众账号、积极推广二维码以及布局 O2O（Online to offline，从线上到线下）商业模式，微信成为新媒体营销的重要平台。不仅如此，随着微博、微信等社交平台的普及，新媒体已经成为人们日常生活中不可或缺的一部分，无论是同

学聚会还是街头巷尾，新媒体已经成为一种时尚的象征，它的话语权在市场中愈发显著。

新媒体不仅有社交功能，它的影响力已经渗透到了繁华的商业街区、广受欢迎的影视节目中，成为人们获取服务信息、享受优惠打折以及获取最新资讯的关键渠道。这种情况下，新媒体营销展现出了无可比拟的市场用户基数优势和强大的影响力，为企业提供了前所未有的营销潜力和机会。

（二）新媒体营销的消费者黏性高

新媒体营销以其全面覆盖消费者需求的能力，极大地提升了消费者的用户黏性。这种用户黏性来源于新媒体平台对用户沟通需求的深度满足，以及其所提供的高效便捷的信息接收方式。在当代社会，无论是在工作中还是在休闲时刻，新媒体都是人们生活中不可或缺的一部分。而且，通过精准的功能设计，如添加好友和集成通信需求，新媒体平台，如微信，既强化了用户的平台忠诚度，也提高了平台的核心竞争力。

新媒体的魅力还体现在其为用户碎片化时间提供的丰富娱乐和服务功能上，例如，微信的"朋友圈""摇一摇"等功能，为用户提供了消遣和社交的空间，并能通过位置服务推送附近的消费信息和优惠活动，让用户在享受娱乐的同时，能发现实用的服务和优惠。这些基于地理位置和社交网络的服务，给用户带来了身临其境的体验，使新媒体平台成为吸引用户的强大工具。

此外，新媒体在很大程度上丰富了用户在等待和移动中的时间利用方式，在等公交或火车的间隙，人们经常通过新媒体工具获取新知识和信息，这使等待时间变得更有价值，也让城市的商业活动更加灵活和高效。商家可以利用新媒体的定位功能，迅速锁定附近的潜在消费者，及时与他们沟通，推广自己的产品和服务。消费者同样可以利用这些碎片时间，通过新媒体平台了解最新的促销活动和产品信息，实时关注自己感兴趣的店铺和品牌。

二、新媒体营销的有效到达率高，能提供及时的反馈、准确的信息

新媒体营销的显著优势之一是其有高效的信息到达率及对受众关注度的精准把握。在传统的传播模式中，信息的到达率通常指信息能够触及的受众群体所占的比例。然而，在新媒体的环境下，有效的信息传递除让信息到达受众外，更重要的是，确保受众对这些信息有足够的关注和反馈。新媒体平台，通过其内置的提示功能，保证了信息传递的零遗漏，并通过互动性强的特点增强了受众的参与度和关注度。

新媒体的即时通信特性，将信息到达率提升至几乎100%，这一点与传统媒体的单向通信形式形成了鲜明对比。新媒体平台能够吸引观众的注意力，还能通过即时反馈机制，实现有效信息的双向流通。这种通信的即时性，不仅重新定义了品牌与用户之间的互动模式，还方便营销人员收集消费者信息，为市场策略的精准制订提供了支持。新媒体对商家来说，是一个及时交流产品信息和收集消费者反馈的有效渠道。消费者对产品的评价和反馈可以直接通过新媒体平台快速反馈给商家，这为产品的持续改进提供了实时的参考依据，也使商家能够更加明确地了解消费者的需求和偏好。这种快速的反馈机制，对新产品的设计尤其重要，它使企业能够紧跟市场趋势，及时调整产品策略，以满足消费者的期待。

商家与消费者之间的沟通方式也因为新媒体的存在而变得更加轻松和自然。利用新媒体平台进行的文字和图片交流，往往能够减少面对面交流的尴尬，使消费者更愿意表达自己的真实感受和体验反馈，这对商家来说是一个宝贵的机会，因为它们可以获取到在传统沟通方式中难以触及的深层次信息。通过新媒体的交流，即便是商家与消费者之间存在产品认知误区的问题，也能够被迅速识别并解决，避免了误解的累积和扩大。更重要的是，当消费者表达不满时，新媒体提供了一个快速响应的渠道，使商家能够立即采取措施处理问题，无论是公开道歉，还是直接解决产品或服务上的质量问题。这种及时的反应有助于修复商家与消

费者的关系，还能够有效提升商家的形象，增强消费者的信任和满意度。

三、新媒体有隐私保密性

在新媒体的营销领域内，隐私性和保密性成为交易的重要特征，特别是如微信公众号这样的平台，它们为企业和个人提供了一个独特的推广和沟通渠道。与微博等社交平台相比，微信公众号的互动性质更加私密，一旦用户关注了某个公众号，便能与之建立起类似朋友的关系，所有的互动都是一对一的，不会有第三方的干扰或围观，这种设置在保护用户隐私的同时，很大程度上提升了沟通的效率和质量。微信公众号这一功能具有显著的优势：一方面，它通过建立一个平等的个人互动平台，有效地缩短了品牌与消费者之间的心理距离，为深度沟通、增强顾客忠诚度以及提升品牌形象提供了有力的工具；另一方面，这种亲密无间的互动方式使消费者在信任品牌声誉的基础上，更容易受营销信息的影响，进而提高营销转化率。

新媒体营销的隐私保护特性，为品牌和消费者建立了一个安全、信任的沟通环境，也为品牌营销策略的执行提供了新的可能性。在这种线性营销环境下，企业可以更有针对性地推广其产品和服务。尤其是在中国这样一个地域广泛、市场需求多样化的国家，通过利用新媒体营销的隐私保护特性，企业可以更有效地针对不同地区的消费者进行精准营销，促进区域市场的发展，并帮助企业降低物流成本，实现更高效的资源利用和市场拓展。

第三章　新媒体营销的推广应用

第一节　新媒体营销的用户画像

一、用户画像的定义

用户画像，亦称用户角色模型，是通过收集和分析关于目标用户的关键信息，而创建的一个虚拟的用户代表，是可用于指导产品设计和营销策略的实用工具。这一过程需要将用户的各种特征和信息进行标签化处理，以形成一个清晰的用户模型。以一款针对儿童的英语学习应用为例，其目标用户画像可能包括用户的年龄段、婚育情况、居住地区、可支配收入水平、购物偏好等关键信息，如图 3-1 所示。

图 3-1　用户画像示例

二、用户画像的要素

用户画像有八大要素，具体如表 3-1 所示。

表 3-1　用户画像的要素

要素	解释
基本性	该用户角色的构建应当基于对真实用户的数据记录
同理性	该用户角色中包含姓名、照片和与产品相关的描述，该用户角色应当具备同理性
真实性	该用户角色对与顾客交接的人来说应该具有真实性
独特性	不同用户角色之间基本不具有相似性
目标性	该用户角色的一些特征应当符合与产品销售相关的目标，应当有相应的关键词对该目标进行描述
数量性	用户角色的数量不应过多，应具有一定的代表性
应用性	产品设计人员应当使用用户角色进行设计与决策
长久性	用户标签应当具有较长的"保质期"

三、用户画像的作用

用户画像作为一种深度描绘目标用户群体特征的工具，对产品的市场定位和营销策略的制订至关重要，它能够通过分析用户的多维度信息，如性别、年龄、职业、消费习惯等，使企业清晰地区分目标受众与其他市场群体，精确捕捉用户需求，进而更有效地进行产品推广和销售。用户画像技术应用范围广泛，主要在以下几个方面有独特的价值。

（一）运营分析

1. 商品分析

通过构建细致的用户画像，企业能够对商品销售情况进行深入分析，迅速识别出销售爆款及其背后的用户群体特征，进一步细化市场策略，优化商品结构，以满足该群体的特定需求。

2. 用户分析

用户画像为企业提供了一个框架，使之能够深入了解自己的用户基础，包括但不限于用户的基本属性和购买行为。例如，通过对视频店铺用户的细致分析，商家既可以描绘出顾客的基本轮廓，还能据此调整商品策略，吸引更多意向用户，如图3-2所示。

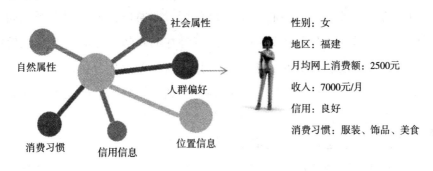

图3-2　运营分析示例

3. 渠道分析

利用用户画像分析，企业可以明确目标用户群体的主要来源渠道，有针对性地在这些渠道加大营销力度。以女装款式为例，通过用户画像的应用，企业可以确定感兴趣的用户群体的主要流量来源，然后在这些渠道中实施精准的广告投放，大大提高营销效率和转化率。

4. 漏斗分析

漏斗分析是一种高效的数据分析工具，能够通过构建形似漏斗的可视化图表，直接展现潜在顾客转化为实际购买者的过程，并将其与产品生命周期的各个阶段明确对应，以总结出用户群体的行为表现特点和转化效果。这种分析方法能够让业务团队快速识别出用户转化路径上的潜在障碍，并迅速采取措施进行调整和优化。通过对从访问详情页到加购、下单，乃至最终支付等一连串行为的转化率进行细致分析，漏斗分析能够揭示用户在每一个环节可能遇到的问题，帮助业务团队洞察用户行为，分析用户在购买过程中的决策心理。这样的深入分析为产品路径的持续优化提供了强有力的数据支持，确保了营销策略和产品设计能够更贴近用户需求，提升用户体验，进而提高转化率和业务效率。

5.人群特征分析

人群特征分析是深入了解目标用户群体的有效手段，它允许营销人员通过设置一系列标签定义特定的用户群体，进而对这些群体进行多维度的分析。这种方法的核心在于对比分析，即通过比较不同人群或同一人群在不同时间段的行为和特征，发现潜在的趋势和差异。这种比较能揭示单一人群的属性分布，更重要的是，通过差异化分析，可以清晰地识别出目标用户群体的独特需求和偏好。利用用户画像的技术，营销团队可以细致地分析指定用户群体的各项特征，如年龄、地理位置、消费习惯等，为产品定位和营销策略的优化提供数据支撑。通过建立标准化的人群对比组，商家可以更准确地评估营销活动的效果，制订更有效的市场策略，优化资源分配，最终实现营销效果的最大化。

（二）精准营销

通过细分市场和定位目标客户群体，商家能够实现营销信息的精确投递，进而显著提升营销活动的回报率。短信和电子邮件营销就是精准营销策略的典型应用，在人们日常生活中，接收到一条关于优惠红包的短信或一封通知书籍降价的电子邮件，往往能激发人们重新访问某个应用或直接进行购买的行为。这背后的秘诀是利用先进的用户画像技术。通过构建详细的用户画像，营销团队能够深入了解目标客户的偏好、行为习惯及消费能力等多个维度的信息，基于这些信息，商家可以定制化地制订营销信息，然后通过自动化工具将这些个性化的营销消息发送给被精确定义的目标群体。无论是通过短信还是电子邮件，这种基于数据驱动的营销方法既提高了用户的参与度，也大大增强了营销信息的相关性和吸引力。

四、用户画像标签

（一）用户画像标签的定义

用户画像标签是对用户个性化特征的符号化描述，它通过细分用户的行为、偏好、属性等多个维度，将这些复杂的用户信息转化为一系列简明的标签。每一个标签都代表用户的一个具体特征，如年龄、兴趣爱好、消费能力等。通过对一个用户的全面分析，企业可将有独特性的用户分解为众多标签，形成一个全方位的用户画像。这些标签的集合既描绘了用户的全貌，还为精准营销和个性化推荐提供了基础，使商家能够深入理解目标用户群体，实现更加有针对性的服务和沟通。

（二）用户画像标签的分类

1. 统计类标签

在用户画像中，统计类标签扮演着构建用户基本框架的角色，为企业提供对用户最直观且基本的认识。这些标签包括但不限于用户的性别、年龄段、居住的省份和城市、用户的活跃程度，以及购买历史等信息。这类信息通常来源于用户在注册过程中提供的数据，以及他们在平台上的行为数据，如浏览和消费行为。通过对这些基础数据的收集和分析，企业能够描绘出用户的基本轮廓，为进一步的用户细分和针对性营销策略的制订提供坚实的基础。

2. 规则类标签

规则类标签是根据用户行为和预设的规则而生成的，用于更细致地描述用户的活动特征和习惯。例如，一个用户如果在过去七天内完成了至少三次购买行为，便可以被标记为"高活跃度用户"。这类标签的生成依赖企业运营团队和数据分析师之间的紧密合作，他们基于对平台用户行为的理解和分析，共同设定出具体的标准和规则。规则类标签能够通过这种方式，将用户的行为模式和偏好转化为具体、可操作的数据点，为商家提供一种动态追踪和理解用户行为的方法，从而帮助商家更精准地进行用户分群、定制化制订营销策略。

3. 算法型标签

算法型标签是利用数据挖掘技术和机器学习算法从大量用户数据中提炼出来的，它们对用户的特定属性或行为进行深入的预测和分析。例如，通过分析用户的浏览和购买行为，算法可以推断出用户的职业类别或社会身份，并预测用户对特定产品的偏好强度。这类标签的生成依赖复杂的数据分析过程，能够揭示用户的潜在需求和未明确表达的兴趣点。

五、绘制用户画像

（一）绘制用户画像的步骤

1. 分析数据源

构建用户画像的基础在于深入分析和理解不同类型的数据源，这是精确还原和理解用户行为及偏好的关键步骤。数据源大体上可以被划分为两大类：静态信息数据和动态信息数据。

（1）静态信息数据主要反映了用户的基本属性，这些信息相对固定，不随时间变化而发生大的改变，包括但不限于用户的年龄、性别、教育背景、职业，以及地理位置等。这类数据为用户画像提供了一个基础框架，帮助企业形成对目标用户群体的初步认识。

（2）动态信息数据，指用户行为随时间推移而表现出的变化性信息，如用户的网站访问记录、购买历史、搜索习惯，以及社交媒体上的互动信息等。这些信息能够为企业揭示用户的实时需求、兴趣点以及消费倾向，从而使用户画像更加生动、立体。

2. 数据清洗

数据清洗能够提高数据的准确性和可用性。企业在收集自身平台的用户数据时，往往会遇到包含非目标群体的数据、无效信息以及误导性数据等。为了确保用户画像的准确构建，企业必须对这些原始数据进行筛选和处理，移除无关和虚假的信息，留下真实有效的数据。

3.进行特征化

在用户画像构建的过程中，将原始数据转化为易于分析和应用的特征是一个关键步骤，即所谓的特征化。这一阶段的目标是对收集到的有效数据进行加工和结构化处理，以便更好地进行后续分析。首先，人们需要从数据中识别并剔除那些异常值，例如，在电子商务平台上，若发现某笔交易中用户以远低于市场价的价格购买了一部手机，而该用户的其他购买记录显示其购买手机的价格通常在千元以上，这样的数据点则被视为异常值。其次，对数据进行标准化处理，如统一所有交易记录中的货币单位，以消除数据因格式不一致而带来的混淆。最后，对用于判断的标签进行标准化处理，确保数据的一致性和可比性。

4.数据标签化

进行数据标签化时，人们要将被分析和特征化后的数据转换为用户画像的具体标签，并对用户的各项特征进行综合性的组合。在这一过程中，标签的生成需紧密结合企业的行业特性和业务需求。例如，对电子商务平台来说，细化用户的价格敏感度标签至关重要，可以更准确地定位价格敏感型消费者。反之，对于内容提供商或媒体企业，标签化的重点在于全方位地描述内容特征，以吸引和保留目标受众。

5.生成画像

在构建用户画像的最后阶段，经过模型分析和数据处理的结果将以图形的形式呈现出来，为企业提供直观的用户洞察。这些用户画像不是固定不变的，它们具备一种动态的特性，能够根据用户的行为变化进行实时的更新和调整。这意味着企业可以根据用户最新的活动数据，不断优化画像，以确保营销策略和产品开发始终紧贴用户的当前需求和偏好。

（二）绘制用户画像的常见误区

在构建用户画像的过程中，人们所面临的挑战和误区不仅仅有数据收集和处理的技术层面的，更涉及对数据的深入理解和应用策略的制订。

以下是在建立用户画像时常见的几个误区及解决策略。

1. 面对数据获取的难题

在实际操作中，某些关键数据可能难以被直接获取。面对这一挑战，关键在于运用创造性思维，通过可获得的数据进行间接推断或利用代理变量揭示难以被直接观测到的特征。这要求不应仅仅因为某些数据获取困难就限制了用户画像的深度和准确性，而应寻找替代方案，保证画像的全面性和代表性。

2. 缺乏清晰的分析思路

简单堆砌数据并不能自动揭示用户的真实需求和偏好。在构建有效的用户画像过程中，除了需要大量数据，更加关键的是拥有一个清晰的分析策略和逻辑路径。这一过程中，分析师需要结合对数据分析技术的熟练掌握和对市场趋势的敏锐洞察，去解码数据背后的用户行为和心理动机。通过设立合理的分析框架，分析师能够系统地整合和解读数据，进而提炼出对策略制订至关重要的深层次见解。

3. 过度细分而忽视逻辑关联

在用户画像的建立过程中，过度拆分数据而忽略其中的逻辑联系，可能导致最终分析结果有片面性或误导性。有效的用户画像构建应遵循逻辑严密的分析方法，通过建立数据之间的关联，形成对用户行为和需求的全面解读，而不是简单的数据堆砌。

避免这些常见误区的关键在于：创新解决数据获取方面的挑战，利用多源数据和间接指标弥补直接数据的缺失；制订明确的分析架构，确保数据整合过程中的每一步都有明确的目的和方向；深化分析的逻辑性，确保从宏观到微观的分析都以数据之间的内在联系为基础，避免得出片面或表层的结论。

第二节 新媒体营销的精准定位

一、用户定位的重要性

用户定位是制订产品策略和优化服务的基石，其核心目的在于深入理解并满足用户的需求，进而推动产品的持续创新和服务的个性化。这一过程的重要性在多个方面都有体现。

从产品开发的角度看，用户定位能帮助验证产品的市场可行性，还促进了企业对产品决策过程的深入研究。通过精确分析用户的行为模式和消费习惯，企业能够明确发现产品或服务中的不足之处，为产品的迭代更新和优化提供明确的方向。例如，一家专注于男性定制服装的零售商可能会发现，尽管其主要目标用户是男性，但女性顾客因为购买礼物的需求同样对该产品有高度兴趣。这种洞察可以促使企业调整营销信息，以吸引更广泛的顾客群体，如通过推广"为他定制的西服，是你对他坚定支持的体现"等营销策略吸引女性顾客。

在产品和服务设计方面，用户定位能够使企业提供精细的个性化服务。通过了解用户的具体需求和偏好，设计团队可以更精确地优化产品界面和用户体验，发现并解决交互设计中的问题，提升用户满意度和忠诚度。

在产品的运营策略方面，用户定位能够极大提升营销活动的效果，实现精准营销。准确的用户定位能够使企业识别并利用用户的具体使用场景，分析运营活动中的问题和挑战，以做出有效的策略调整。这促进了用户基数的裂变式增长，也为企业带来了更高的市场份额和品牌影响力。

二、用户定位的方法

（一）属性分析

1. 外在属性

外在属性是指用户的一些可直接观察到的特征，包括但不限于用户所在的地理位置、拥有的产品种类以及用户所属的组织类型等。这类数据因其可见性较高而相对容易收集，为企业提供了用户群体的基础画像。例如，通过分析用户的地理分布，企业可以大致掌握其市场覆盖范围；通过了解用户的产品拥有情况，企业可以初步评估用户的消费水平和偏好；通过识别用户的组织归属，如区分企业用户和个人用户，企业可以针对不同类型的用户制订差异化的营销策略。

虽然外在属性为用户分类提供了便利，但它们在深入分析用户质量和行为倾向方面能力有限，这些属性往往只能提供用户群体的宏观概况，难以精确识别哪些用户具有更高的价值或潜力。例如，虽然大企业用户可能普遍具有较高的消费能力，但这并不意味着他们在所有情况下都比政府用户或其他类型的用户更为"优质"。

2. 内在属性

内在属性深入探究用户的本质特征，涵盖了性别、年龄、信仰、兴趣爱好、收入水平、家庭状况、信用历史、性格类型，以及价值观等方面。这些属性与用户的个人经历、心理状态和社会环境有关，为理解用户的深层需求和行为模式提供了关键线索。通过细致分析用户的内在属性，企业能够实现更精细化的用户分群，例如，企业可以将具有高消费能力和特定兴趣偏好的用户群体定位为贵宾用户，进而为他们提供更加个性化和高质量的服务。

3. 消费属性

消费属性涉及消费者在购买行为上表现出的特征，这些特征通过消费者的最近一次购买时间、购买频率和购买总额三个关键维度，即 RFM 模型来综合评估。[①] RFM 模型是一种被广泛应用于客户价值分析的工具，它根据消费者的购买行为对其进行价值定位，如图 3-3 所示。

R 指最近一次消费时间（Recency），这一指标衡量自用户最后一次购买以来经过了多长时间，通常用来评估用户的活跃程度。时间距离越

---

① 孙天慧.新媒体营销实务[M].武汉：武汉大学出版社，2022：29.

短，表明用户越活跃，与品牌的联系也越紧密，反之则可能表明用户流失的风险较高。

F 指消费频率（Frequency），此指标反映了用户在特定时间内的购买次数，是衡量用户忠诚度和消费活跃度的重要指标。频繁的消费行为往往意味着较高的用户参与度和对品牌的忠诚度。

M 指消费金额（Monetary），消费金额指的是用户在一定时间内对品牌的总体贡献，即消费总额。这一指标直接关联到用户的经济价值，高消费金额的用户对企业的重要性自然不言而喻。

RFM 模型适用于财务和销售行业，在任何需要通过客户购买行为来评估客户价值和预测客户行为的场景下都有应用价值。不过，值得注意的是，该模型在不同行业中的应用需要结合行业特点进行适当调整，如在服务行业中可能还需考虑用户的服务满意度、投诉率等额外因素。

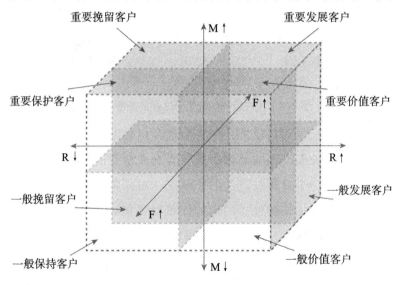

图 3-3 RFM 模型

（二）用户行为分析

1. 收集用户行为数据

在当今数据驱动的商业环境下，精确捕获和分析用户行为数据成为企业揭示用户需求、优化产品和服务的关键。为了实现这一目标，企业需首先设定有效的数据收集策略，主要的数据收集方式包括利用平台内置的埋点技术和第三方统计分析工具两种。平台内置埋点是通过在应用程序或网站的关键路径上植入特定的代码片段，实时监测和记录用户的互动行为，例如，当用户在移动应用中执行登录操作时，该行为的各个细节将被自动捕捉并记录为日志，随后被上传至云端服务器由接收方进行存储和分析。这种方法能够使企业获得关于用户行为的原始、细粒度数据，为后续的用户画像建立和行为分析提供基础。

2.寻找用户行为数据衡量指标

分析过程中，人们通常需要结合用户行为表现对指标做进一步详细划分，可将之分为三大类，即黏性指标、活跃指标和产出指标，这三个指标的顺序关系如图3-4所示。

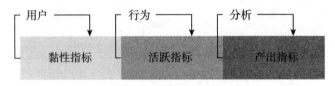

图3-4 用户行为细分指标之间的顺序关系

（1）黏性指标。用户黏性，作为衡量客户忠诚和品牌忠诚度的关键指标，对企业的长期发展和品牌声誉有着至关重要的影响。这一概念主要描述了用户对一个品牌或产品的忠诚度、对品牌的信任感以及与品牌的积极互动所产生的依赖性。用户的依赖程度和对未来购买的期待越强烈，表明用户黏性越高，高用户黏性表明消费者不只在过去选择了品牌，在将来还会继续选择，这种持续的忠诚和信任是企业培养稳定客户基础和积极品牌形象的基石。

（2）活跃指标。用户的活跃度是衡量用户参与和互动水平的重要指标，通常通过日访问次数和访问持续时间来量化。用户活跃度的高低受多种因素影响，包括产品本身的特性、用户体验的质量以及用户个人的特点等。为了提高这一关键指标，企业需要着力于优化产品的关键功能，并明确突显其独特优势，通过设计吸引人的活动和奖励计划，激励用户更频繁地使用产品和参与服务。

（3）产出指标。产出指标是评估企业运营效率和产品市场表现的关键指数，可以从产品的生产量、质量标准、完成进度，以及成本控制等方面进行定义。在数字营销领域，这些指标被进一步细化为衡量用户对产品价值贡献的具体数据，如网页浏览量、独立用户数、互动点击数、购买频率，以及消费总额等。这些产出指标直接反映了用户对产品的接受度和参与水平，为企业提供了优化产品和调整营销策略的依据。通过深入分析这些数据，企业能够识别和增强产品的核心优势，通过开展有针对性的营销活动提升用户黏性，加深用户对产品的依赖。

第三节　新媒体营销的工具

新媒体营销的工具有很多种，如微信营销、微博营销、直播营销、短视频营销、搜索引擎营销等，这些工具对提高营销效果具有显著作用。下面对这些营销工具做简单介绍，在第四章至第八章则有详细的相关内容。

一、微信营销

微信营销代表了一种创新的网络营销模式，利用微信这一流行的社交工具，企业能够与用户建立起类似朋友的互动关系。通过微信的各种功能，尤其是公众号、小程序等，企业可以有效地推广其产品和服务，并加强与用户之间的沟通和互动。这种营销策略不仅利用了移动互联网的广泛覆盖性和便捷性，还充分利用了社交网络的亲密性和实时性，为企业提供了一种全新的扩大品牌影响力、提高用户忠诚度并推动销售增长的方式。

随着微信平台的广泛普及，微信营销已成为企业与消费者之间沟通的重要手段，具有一些营销特性。

第一，微信营销通过"一对一"的互动方式，为企业和用户之间提供了一个私密且个性化的沟通渠道。企业可以直接通过微信向用户推送信息，并根据用户的反馈提供定制化的服务或解决方案。这种直接且个性化的互动方式，能使用户感受到更加贴心和专属化更强的服务体验，大大提高了客户的满意度和忠诚度。

第二，微信营销的信息到达率极高。利用微信，企业能够确保重要的活动通知和产品信息被准确无误地送至用户的手中。微信的即时通知功能，如消息铃声和应用角标提醒，保证了用户能够及时看到未读信息。结合移动设备的便携性，用户无论身处何地，都能即时接收到信息，这提升了信息的阅读率和互动率。

第三，强化了企业与消费者之间的联系，使之从简单的交易关系转变为更加密切的"朋友"关系。这种"一对一"的交流模式让企业有机会通过持续的互动和沟通，将原本普通的联系发展为深层次的信任关系。在这个过程中，企业是在传递产品信息，更是在通过每一次的互动加深用户对品牌的认同感和信赖度，用户可能对广告持怀疑态度，但更容易信任那些已经建立了良好关系的"朋友"，这份信任是无价的，能够显著提升用户的忠诚度和转化率。

第四，微信营销在初期成本效益极高，特别是相比传统的广告渠道，如电视、报纸或户外广告，其成本要低得多。申请和使用公众号基本无需成本，初期的广告推送仅需要少量的流量费用即可触及广大粉丝用户。但随着公众账号粉丝数量的增长，为了维持与用户的高质量互动，企业需要投入更多的人力、物力和财力，不断创新内容和服务，以维持用户的活跃度和黏性。

二、微博营销

微博，作为一种迅速传播信息的社交工具，允许用户在一个基于关注系统的个人社区内，通过简短的文字、图片、视频等多种媒介形式分享实时信息。这种平台通过 App、桌面客户端和网页等多渠道接入的方式，为用户提供了一个即时交流和信息共享的空间，使自身成为基于用户间关系网络的信息传播和社交互动的场所。

在营销领域，微博已成为企业提高品牌知名度、加强用户喜爱和忠诚度、促进产品销售和推荐的有效工具。相较于传统媒体广告的高投入成本，微博营销以其较低的成本结构，甚至在某些情况下可实现的零成本营销，为企业带来了意想不到的营销成效。具体来看，微博营销主要具有以下几个优势。

（一）多样化

微博平台本身就整合了最新的多媒体技术，为企业和个人提供了一个展示创意的舞台。通过文字、图像、音频、视频，以及附带链接等多种形式，品牌可以全方位地呈现其产品和服务，使所传递的信息更加生动、吸引人，进而更易被潜在客户接收和理解。这种丰富的内容形式有助于增强品牌形象，还能有效避免用户审美疲劳，提升用户的阅读和互动体验。

微博平台还提供了一个多元化的广告营销产品体系，涵盖了从明星代言、重点项目推广、信息流广告、视频营销、曝光和搜索广告，乃至程序化购买等多种商业产品，形成了一个"全方位覆盖"和"深度沟通"的营销策略。这种策略允许品牌根据自身特点和市场需求，灵活选择合适的营销工具和方法，实现资源的最优组合，进而大幅提升营销效果，实现品牌价值的增长。

（二）成本低

微博营销因其经济高效的特点受到了企业和广大用户的广泛欢迎。相比传统的营销方式，微博营销主要依托线上活动和内容传播，大大降低了人力和物力的投入成本。此外，微博平台广泛的用户基础和精准的目标受众锁定功能使营销活动能够更加直接地触及潜在客户，提高了营销的效率和效果。这种营销模式在降低成本的同时提高了收益，使微博营销成为许多企业优先考虑的营销策略。

要实现微博营销的最大效益，企业需要对营销活动的策划给予充分的重视。活动的成功与否往往取决于对时间、地点、人物、事件等关键要素的精心选择和周密考虑，一个好的主题策划既能吸引用户的注意，还能激发用户的参与和分享，进一步放大营销效果。

（三）群体广

随着微博平台用户数量的快速增长，微博已成为覆盖广泛用户群体的重要社交媒体平台，这一特点为企业提供了极大的机遇，使其能够迅速识别并定位到目标客户群，实现精准营销。微博上的粉丝积累和互动促进了信息的病毒式传播，有效放大了企业品牌的影响力和知名度。微博还为企业提供了与其他企业、名人及明星合作的机会，这种跨界合作能够扩大企业的影响范围，吸引更多微博用户的注意，进一步加深用户对品牌的印象，实现品牌价值的增长。

（四）传播快

微博营销的传播速度快是其最显著的优势之一，它本质上是一种结合了口碑和主动推广元素的营销策略。一旦有内容在微博上获得用户的兴趣，其分享和传播的速度可以说是瞬间的。每一次用户的转发不仅是对内容的认可，还相当于对品牌或产品的一次积极推荐。这种依靠用户自发传播的营销方式，对企业来说是极具价值和效率的。微博平台本身提供的一键转发功能极大地方便了用户对内容的分享，加速了信息的扩散速度。

三、直播营销

直播营销不只是在直播过程中进行商品展示或品牌宣传，还涵盖了整个直播生态系统，包括但不限于直播前的详尽策划、吸引观众的造势活动、实际直播的内容发布以及直播结束后的内容二次传播等多个环节。这些环节涉及大量的商业操作和技术支持，共同构成了直播营销的完整业务链条。

在更具体的层面上，直播营销指利用视频或音频直播的方式，在互联网上实时传播品牌或产品信息的营销手段。企业可以借助各种直播平台，通过低成本的设备，如个人电脑和智能手机，便可轻松进入直播世界，向全球观众展示其产品或服务。移动直播的流行，更是为企业提供了前所未有的机会，使它们能够在任何时间、任何地点接触到潜在客户，实时展示品牌价值和产品特点。

相较于传统营销，直播营销的优势体现在以下几个方面。

（一）互动实时性

直播营销的互动实时性为企业和用户提供了一个可实时交流的平台。在直播开始之前，企业通过各种渠道进行预热和造势，成功地将潜在观众的注意力集中到指定的时间和平台上，这种策略增加了直播的观众数量，也提高了直播的参与度。直播期间，主播与观众之间的互动成为直播营销的核心，观众可以通过发送弹幕、打赏、提问等方式参与直播，而主播则通过回应提问、感谢打赏等方式与观众互动，这种双向沟通极大地提升了用户的参与感和满意度。通过实时互动，企业能够即时收集用户反馈，优化产品和服务，还能在用户心中树立积极、亲民的品牌形象。

（二）场景真实性

通过直播，企业能够将产品置于真实的使用场景中，通过主播与产品的互动展示，使营销不只是关于产品信息的单向传达，而成为一种多维度的体验分享。这种现场的、即时的互动反馈机制，让观众能够直观地感受到产品的实用性和效果，同时为企业提供了即时的用户反馈，便于企业快速捕捉到用户的真实体验和需求，进而指导后续的产品优化和服务调整，使产品更贴近用户的真实使用情境和期望。

（三）受众精准性

由于直播需要观众在指定的时间内登录平台观看，这种时间的限制性意味着那些选择观看的用户往往对主播的内容或企业的产品有着更高的兴趣和期待。这种自然筛选机制可以帮助企业更容易识别出真正对品牌或产品感兴趣的忠诚用户，进一步实现更为精准的营销推广。

（四）营销高效性

直播营销的高效性体现在它能够实现企业与消费者之间的直接沟通和即时交互，企业可以快速、准确地向目标受众传达产品信息和品牌价值，也能即时展示产品的实际应用效果。更重要的是，直播平台通常具备即时购买功能，让消费者在观看过程中受到启发或感兴趣时，可以立刻进行购买决策，极大地缩短了消费者的决策周期。直播过程中的实时互动也为企业提供了即时收集用户反馈、解答疑问的机会，这增强了用户的购买意愿，也为产品的持续优化和服务的改进提供了宝贵的第一手资料。

（五）情感共鸣性

在当前移动互联网带来的去中心化和碎片化的生活方式中，人与人之间真实的情感交流日渐稀缺。直播平台提供了一个独特的空间，让拥有相同兴趣和爱好的人们能够在特定的时间和空间内聚在一起。通过直播，观众能够实时观看内容，还能通过互动环节与主播及其他观众进行情感交流，这种互动过程中的情绪传递和共鸣，加深了用户之间的情感联系，建立了一个基于共同兴趣和情感认同的社区。

四、短视频营销

短视频作为新媒体中的一种创新形式，与高门槛的微电影和实时的直播有所区别，它以低制作成本、流程简易和参与性高著称，并且传播效率高。制作短视频不需要复杂的团队配置和专业的表达形式，但要求制作团队具备一定的文案创作和内容策划能力，一个优秀的短视频团队往往背靠稳定的自媒体平台或知名 IP，既能够保证内容的高频稳定输出，还能通过已有的粉丝基础加速内容的传播。短视频的普及为新媒体制作原生广告提供了更加多样化和丰富的展现方式，其趣味性和高传播价值使其成为品牌和创作者连接受众、传递信息的有效工具。

短视频具有以下特点。

（一）短小精悍，内容有趣

短视频内容的时长通常控制在 15 秒至 5 分钟之内，能够给观众提供极致的视觉享受和生动形象的表达方式。短视频的魅力在于短小精悍、内容有趣，能够迅速抓住观众的注意力，将信息以极具吸引力的方式传递给目标受众。短视频制作遵循着"少即是多"的原则，强调在有限的时间内提供精华内容，这种形式与当下用户的碎片化阅读习惯非常契合，有效节省了观众的时间成本。为了在竞争激烈的短视频市场中脱颖而出，内容创作者需要在视频的前 3 秒内吸引观众的注意力，所以短视频内容既要有趣吸引人，还需要具有创新性和独特性。

（二）互动性强，社交黏度高

在短视频平台上，观众可以通过点赞和评论来直接参与内容的互动，还能通过私信与视频创作者建立更加个人化的联系。此外，内容创作者对观众评论的回复进一步强化了双方的互动，能使观众感受到被重视和连接的体验。这种双向沟通机制增强了用户的参与感，也促进了社区内的紧密联系，使用户更愿意长时间停留在平台上，加深了他们对平台的忠诚度。

（三）创作者的草根性

短视频平台为草根创作者提供了展示才华的舞台，使他们能够迅速崛起成为新一代的网络红人。与传统媒体的高门槛不同，短视频平台的低门槛使任何有创意的个人都有机会通过自己的作品吸引大量粉丝。这些草根创作者可以依托对市场趋势的敏锐观察和对流行元素的巧妙运用，创作出接地气且极具吸引力的内容。很多草根者凭借其独特的创意和鲜明的个性，赢得了广泛关注和喜爱，成了如今草根明星的代表。

（四）搞笑娱乐性强

短视频平台上的搞笑娱乐内容，以其独特的创意和轻松幽默的表达方式，迅速赢得了观众广泛的喜爱。这些内容以搞笑和娱乐为核心，为观众提供了欢乐和放松的时刻，也成了现代生活中缓解压力的一剂良方。观看这些轻松幽默的短视频，人们可以暂时抛开日常生活中的烦恼和压力，享受片刻的欢笑和轻松。这种形式的短视频因其内容的普遍吸引力和观看的简便性，很容易让人产生沉浸式的观看体验，甚至让观众形成一种观看上瘾的感觉，观众会不自觉地寻找更多类似的内容以获取快乐，从而在无形中增加了平台和内容创作者的粉丝基础。

（五）剪辑手法有创意

短视频领域的创作者们常以其独树一帜和富有创意的剪辑技巧著称，通过精心设计的剪辑，无论是精美绝伦的视觉效果，还是充满动感的转场与节奏，抑或富有幽默感的鬼畜风格，或者融合解说和评论的内容，都能极大地吸引观众的注意力。这种剪辑手法的多样性和创新性，使每一部作品都充满了看点，让观众在观看完之后仍然回味无穷，甚至想要重复观看。近年来，Vlog（视频博客）作为一种新兴的短视频形式，在抖音等平台上掀起了一阵拍摄热潮，这既体现了短视频创作的多样化发展趋势，也进一步证明了创意剪辑手法在增强观看体验中的重要作用。

借助短视频的优势，企业可以开展一系列营销活动，找到、吸引目标受众人群，并创造更有价值的内容。

五、搜索引擎营销

搜索引擎营销（Search Engine Marketing, SEM）是一种高效的网络营销策略，企业可以利用搜索引擎这一平台，通过优化搜索内容和发布广告等手段，将企业的营销信息精准地展现给正在搜索相关信息的目标用户。这种营销方式充分利用了现代人对搜索引擎的依赖性和搜索习惯，通过关键词匹配技术，确保在潜在客户在查询相关信息时，能够看到企业的广告和网页。搜索引擎营销的核心目标是提升网站或网页的可见性，引导用户点击并访问，增加网站流量，提高品牌知名度或实现销售转化。它追求的是性价比的最大化，即在有限的营销预算内，通过精确的目标用户定位和关键词策略，实现最大范围内的用户覆盖和访问量的增长。[①]

搜索引擎营销为各类企业提供了一个平等的宣传与推广平台，无论企业规模的大小或品牌的知名度，都有机会在这个开放的平台上展示自己，享受相同的机遇。在整个营销活动中，搜索引擎扮演的是一个连接企业与潜在消费者的桥梁角色，提供了一个中介式平台，而是否能够触发消费行为，最终还是取决于企业提供的产品或服务是否真正满足了消费者的需求。因此，搜索引擎营销的成效更多地反映在能否有效提升企业网站或网页的访问量上，但并不能直接转化为销售利润的提升。搜索引擎作为一个宣传和推广的渠道，其营销效果具有间接性。

在搜索引擎广告方面，用户拥有绝对的自主权，可以根据个人需求进行关键词搜索，并在搜索结果中自由选择感兴趣的信息，这种自主选择的过程大大减少了营销活动对用户的干扰，相较于传统营销方式，用户对搜索引擎广告的可信度相对较高，这自然也激发了用户的选择欲望。而且，搜索引擎通过精准分析和定位网络中潜在消费者的行为轨迹，尤其在关键词匹配方面，能为用户提供精确的信息定位，这使搜索过程中产生的营销信息具有更高的价值，有助于实现网络营销的终极目标。

---

① 马莉婷.网络营销理论与实践[M].北京：北京理工大学出版社，2017：147.

第四章 微信营销：转化私域流量

第一节 微信与微信营销概述

一、微信概述

微信，由腾讯公司在 2011 年 1 月 21 日发布，是一款为智能设备用户设计的即时通信应用软件，为人们提供了一个全面的通信解决方案。这个免费应用支持用户在不同的通信运营商和操作系统平台之间，通过互联网高效地交换语音消息、视频、图片和文本内容，仅消耗极少的网络流量。微信的功能不止于此，它还推出了多种与用户位置信息相关的社交功能插件，如"摇一摇""视频号""朋友圈"和"公众平台"，允许用户在广泛的社交网络中分享流媒体内容，并了解周围的人和信息。

二、微信的特点

（一）信息传递方式多样

微信作为一款全面的即时通信工具，提供了丰富的沟通方式，包括文字消息、语音通话、图片分享、表情包，以及视频传送等功能。除此之外，微信的位置分享功能允许用户与好友共享自己的实时位置，增加了沟通的便捷性和趣味性。微信红包作为一种独特的社交互动方式，在节日、聚会等场合极为流行，其方式分为两种：一是等额红包，可单独发送给某个人或群发给多人，确保每个人获得相同金额的红包；二是拼手气红包，由发送者设定总金额和红包个数，系统随机分配每个红包的金额，营造了一种游戏化的分享氛围。

（二）二维码识别

微信中二维码的应用开启了一种全新的互动方式，被视为一项革命性的创新。营销的终极目的在于给用户带来愉悦的体验，而传播的基石则是趣味性，微信通过二维码技术，实现了这一理念，用户仅需轻松一扫，即可快速添加好友、关注公众号、识别封面与街景，甚至进行单词的即时翻译。其中，二维码支付的功能更是突破性的创新，它为微信的商业模式铺平了道路，也优化了用户的支付体验，使支付过程变得快速便捷。

（三）强关系链接

微信深刻地把握了人际交往中的"强关系"这一核心概念，将其嵌入到平台的设计之中，成为其社交网络构建的基石。通过以手机通信录和 QQ 好友互联互通的方式，微信创建了一个以亲密、可信关系为基础的社交环境。这样的设置确保了用户在"朋友圈"中分享的内容只对已认证的好友可见，从而保障了交流的私密性和安全性。在这个基于强社交关系的平台上，朋友间的推荐和分享有更高的可信度和影响力。因此，当用户在其朋友圈中推荐某个企业或产品时，这种基于信任的推广方式，推广效果是非常显著的。

三、微信营销的常用工具

（一）流量入口工具

在当今自媒体时代，社交平台的兴起让每个人都有机会成为内容的生产者和传播者，微信便是其中最为便捷的社交传播渠道之一。随着信息技术的发展，各大平台，如今日头条、微博自媒体、搜狐自媒体、百度百家，以及网易客户端等纷纷出现，竞相吸引优质用户的加盟。这些平台虽然拥有庞大的用户基础和流量，但在操作便捷性和用户体验方面，微信仍旧以其简单直观的使用方式，占据着社交传播的领先位置。

网络信息传播的平台，包括视频、音频、文字、二维码、LBS（基于位置的服务）等多种形式，常见的平台有腾讯视频、搜狐视频、优酷、爱奇艺、快手、喜马拉雅、微博 FM、豆瓣 FM、千聊、天涯社区、百度贴吧、豆瓣网、凤凰论坛、新浪论坛，以及微信的朋友圈、微信群和公众号等。这些渠道为信息的传播提供了丰富的选择，但信息传播的关键在于精确定位产品或服务的目标群体，并深入了解这些群体的需求痛点，只有清晰地认识到这些关键信息后，才能有效地找到适合自己产品或服务的真正目标群体和最合适的流量入口，进而执行有效的"引流"和"吸粉"策略，以在竞争激烈的市场中脱颖而出，实现品牌的持续增长和发展。

（二）作图工具

在进行朋友圈营销时，利用视觉吸引力吸引目标群体注意是关键的一步，因此为了确保图片具有足够的吸引力和表现力，选择合适的作图工具对图片进行优化处理变得尤为重要。拍摄或选择图片时，人们需要注意确保图片的清晰度和背景的整洁度，以及图片的构图最好为正方形以便在不同设备上完整展示，从而优化用户的观看体验。获取高质量图片素材的途径主要有两种：一是自行拍摄，通过个人的摄影技术捕捉生动、有趣或与内容主题相匹配的瞬间；二是利用网络资源，如百度图片、搜狗图片或专业的图片分享平台，如昵图网等，从中筛选出适合自己内容主题的高质量图片素材。

朋友圈的图片展示是文字内容的补充，更是吸引观众注意、传递情感和信息的重要手段，观众在浏览朋友圈时，往往是先被图片吸引，进而被图片所触动的情感驱使去阅读配文。因此，优化图片的表现力能让图片成为有效吸引目标客户的"广告"，是提高朋友圈互动率的关键。人们可以借助一系列的图像处理工具来优化图片，如美图秀秀、玩图、黄油相机等流行的制图 APP，这些工具用户界面友好、操作简便，可以帮助用户调整图片的基本属性（如亮度、对比度、饱和度等），还能提供丰富的滤镜效果，并有边框装饰、文字添加等功能，使图片更加生动有趣，符合发布者的意图和风格。

（三）视频工具

在移动互联网时代，视频已成为传递信息的重要工具之一，特别是对希望在碎片化时间内获取信息的用户来说，视频以动态、直观的特点，能够在极短的时间内为其提供丰富的内容，满足用户的多元需求。要想制作出清晰、连贯且内容丰富的视频，选择合适的视频工具至关重要。

1. 美拍

这是由美图秀秀团队开发的一款短视频社区应用，它以独特的视频处理功能，能够将普通视频转化为具有电影感的高质量短视频。美拍提供了丰富的视频特效和滤镜，用户在使用时可以轻松地将日常拍摄的视频通过"10秒也能拍大片"的特效变身为唯美韩剧风、清新 MV 风或怀旧电影风的作品。此外，美拍还允许用户在视频中添加表情和语音评论，增加了视频的互动性和趣味性。美拍之所以受到广泛欢迎，除因其优秀的视频处理功能外，还因为它能紧紧抓住女性用户对美的追求，并结合了社交网络元素和话题营销，形成了独特的用户黏性。

2. 小影

小影作为另一款功能全面的视频编辑工具，为用户提供了多种拍摄镜头和视频模式，如画中画、特效、搞怪、音乐镜头等，以及 8 秒、10 秒、宽屏等不同的视频模式，可适应多平台的传播需求。用户既可以利用小影快速制作精美的相册 MV，还能进行视频剪辑、拼接、调速、复制和配音配乐等高级编辑操作。小影还提供了丰富的滤镜、字幕选项和视频美化素材，帮助用户轻松制作出个性化且可达到专业级别的视频作品。

3. 爱剪辑

爱剪辑，作为国内领先的全能视频剪辑软件，为用户提供了一站式的视频处理解决方案，它的功能包括添加字幕、调色、加相框等，满足了用户从简单剪辑到复杂制作的各种需求。爱剪辑还集成了许多创新功能和影院级特效，即使是视频编辑新手也能用它轻松制作出专业水准的视频作品。其用户友好的界面和强大的功能使它成为视频创作爱好者的首选工具之一。

4. 小咖秀

这款软件以其独特的搞笑视频创作功能著称。用户可以利用小咖秀提供的丰富音频字幕资源，就像在 KTV 唱歌一样创作出富有趣味性的视频。小咖秀支持视频同步分享至社交平台，能够让用户的创作迅速传播，吸引更多的关注和互动。

5. 激萌相机

激萌相机，这款应用由脸萌团队推出，凭借其自动人脸识别和动态贴图道具功能，能够让用户的自拍照片瞬间变得生动有趣。不仅如此，激萌相机还拥有美颜功能，让每一张自拍都光彩照人，无论是制作卖萌视频还是进行视频聊天，激萌相机都是一个好用的工具。

四、微信营销的常用策略

（一）品牌策略

在当今数字营销的浪潮中，微信营销以其独特的互动性和精准性，逐渐成为品牌推广不可或缺的策略之一。它是一种通信工具，更是企业实现品牌传播、提升用户体验的有效平台。对企业而言，微信营销意味着从传统的一对多传播模式，进入更加个性化、互动化的精准营销新时代。以下是几个重要的微信营销品牌策略。

第一，内容的价值至关重要。在微信营销中，内容既要有吸引力，还需提供实际价值，以促进与用户的持续互动。企业应定期发布高质量的内容，如行业洞察、产品知识、品牌故事等，以增强用户黏性，同时利用微信的即时通信特性，实现与用户的有效互动，精准定位目标群体，提升品牌认知度。

第二，对中小企业而言，利用微信公众平台突出公司的特色和优势尤为重要，建立公众号后，企业应指派专人负责内容更新与用户互动，确保内容质量和服务响应的及时性。通过精心的内容规划和用户管理，企业可以有效聚集一批忠实的粉丝，为自身带来长期的效益。

第三，将品牌故事、产品设计、市场推广等元素融入微信营销内容中，可以进一步提高用户的品牌认知度和满意度。分享品牌背后的故事，展示产品的设计理念，以及提供市场推广活动和渠道专享优惠，能够吸引用户的关注，还能促进用户与品牌之间的情感连接，使客户与企业的合作转化为一种长期的合作习惯，实现双方的共赢。

（二）渠道策略

在微信营销的多渠道策略中，企业需要充分利用微信平台的多种功能和广泛的用户基础，通过整合各种渠道资源，实现品牌信息的全面覆盖和深度渗透，这是将信息单向推送给用户的意义，也能建立起与用户的互动交流，使营销活动更加生动、有效。

第一，企业将微信公众号作为主要的信息发布和互动平台，定期推送高质量的内容，包括产品信息、促销活动、行业资讯等，并鼓励用户主动关注和互动，通过朋友圈转发、微信群分享等方式，增加信息的传播力度和覆盖范围。

第二，企业可以通过微信小程序、微信联盟等新兴工具和平台，为用户提供更便捷的服务和体验，如在线购物、预约服务等，这能够直接带动销售，还能增强用户对品牌的认知和好感。

第三，企业还可以将微信营销与传统媒体、线下活动等其他营销渠道相结合，如通过参与论坛、社区讨论，发布相关内容贴吧，或与企业官网、媒体杂志等进行联动推广，形成线上线下相结合的全方位营销网络，吸引更多潜在客户的关注。

在实施渠道策略时，企业需注意渠道之间的协同效应，确保信息的一致性和连贯性，也要考虑到消费者的便利性和体验感，确保每一次互动都能给用户留下深刻印象。

（三）服务策略

微信用户群体的多样性要求企业在提供服务时必须具备高度的灵活性和个性化，这些用户包括企业客户、经销商、合作伙伴以及日常生活中的朋友、同事和同学等，他们在上班时间、午休、下午茶时间，以及晚间空闲时段是最活跃的。此时，他们不仅分享个人观点、情感，还积极参与话题讨论、转发、评论和收藏等社交活动。所以，企业在进行微信营销时，必须认识到这些用户不只是潜在的购买者，更是寻求表达、分享和互动的社会个体。

针对这一特点，中小企业的微信营销策略应以精准服务为核心，视粉丝和客户为朋友和知己，注重建立长期的互动关系。这意味着企业需要倾听用户的声音，及时回应他们的需求和反馈，还应积极参与或引导话题的讨论，通过转载、评论用户的内容增加互动的深度，在这一过程中，企业传递的产品信息和宣传内容应被控制在适度范围内，避免过度营销影响用户体验。

（四）产品策略

企业需要对自己的产品进行准确的市场定位，明确目标客户群体及其需求，这一步骤决定了后续营销内容的方向和重点，能够确保信息可以精准触达潜在消费者。随后，企业应该为消费者提供便捷的购买渠道，包括但不限于官方网站、电商平台的直接链接，以及微信小程序等，进而简化购买流程，提高转化率。企业必须确保其产品的售后服务承诺得到充分落实，包括快速响应客户的咨询和投诉、提供满意的解决方案等，以增强客户的信任和满意度。考虑到微信营销相较于传统渠道在成本上的优势，企业有更大的空间来为其粉丝和忠实用户提供特别的优惠和福利，这能够刺激消费，有效提升用户的黏性和品牌忠诚度。

（五）促销策略

在微信平台上施行的促销策略需要充分挖掘微信社交网络的潜力，设计独特且能吸引人的促销活动。第一步先要创建具有个性化特征的活动，这些活动需要能够激起用户的兴趣并促使其参与，例如，结合热门事件或用户喜好而定制的互动游戏、有趣的挑战或竞赛，都能够有效吸引用户的注意力。促销活动中的奖品设置要多样化且具有吸引力，能够满足不同用户的需求和喜好，进一步增强参与度。促销活动的销售和奖品兑换过程也必须保证透明公正，确保用户信任。这样才能提升品牌形象和口碑。

五、微信营销的量化

在衡量微信营销成效时，许多企业依旧停留在传统的评估模式上，即主要通过衡量潜在客户转化为实际购买客户的比例来判断营销的成功与否。这种单一指标的评估方法往往忽视了更广泛的视角，导致企业在营销效果不尽如人意时难以精准定位问题并进行有效调整。为了更全面地评价微信营销的成效，企业应当从粉丝增长量、转化率、购买频次，以及内容的转发分享量等多个指标进行综合分析，如表4-1所示。

表4-1　微信影响的量化指标

指标	描述
增粉量	指吸引新粉丝的数量，关键在于扩大客户基础和增加潜在消费者。增粉方法包括主动加粉和被动引流，有效的策略有场景加粉和微信群加粉，强调通过特定场景或互动体验吸引粉丝
转化率	将关注的粉丝转化为实际购买产品或服务的客户的比例。粉丝基于共同兴趣或品牌认同聚集，而客户是愿意为获取的产品或服务付费的个体。提高转化率策略应侧重于理解粉丝需求和优化客户体验

指标	描述
购买率	直接反映营销活动能否有效促成交易的指标。影响因素包括用户满意度和心理因素，如用户对微信营销的满意度、从众心理、品牌信任度等。企业需从用户体验角度出发，优化微信商城的界面设计、支付流程等，以提高用户满意度和购买率
转发量	内容或活动在用户群体中的传播效果和影响力。用户转发行为源自对内容质量的认可和分享动机。提高朋友圈的转发量需要企业深入理解用户的分享动机，通过提供高质量内容激发其分享欲望，设置激励机制鼓励用户转发。应注意内容的时效性和目标群体偏好，以提高内容相关性和吸引力

（一）增粉量

增粉量，俗称吸引新粉丝的数量，对微信营销来说，粉丝代表着潜在的客户流量，是企业扩大客户基础、增加潜在消费者的重要途径。在微信营销中，粉丝可以细分为个人微信号粉丝、公众号粉丝以及通过其他渠道获得的粉丝。增粉的方法主要有两种：主动加粉和被动引流。主动加粉是指企业或个人通过直接的方式邀请用户关注，如通过二维码、微信群、好友推荐等方式。被动引流则是通过内容营销、活动推广等方式吸引用户自主关注。值得注意的是，这里所提到的粉丝不包括那些虚假的、可以通过支付获取的无实际活跃度的粉丝。下面介绍两种常见的加粉方式。

1. 场景加粉

场景加粉是指在特定的情境中获得新的微信好友或公众号粉丝的过程，这种方式充分利用了线上线下的各种互动场景，通过人们的自然社交行为扩展自己的粉丝群体，例如，在社交媒体上分享个人的生活点滴、产品信息或行业见解，那些点赞、评论或分享所发布内容的人就是通过这一特定场景与企业建立联系的潜在粉丝。通过参与或组织线下活动，如产品体验会、主题沙龙等，直接与参与者互动，同样可以吸引他们成为微信好友或关注公众号。进一步地，场景加粉的有效性还体现在能够精准触达目标受众上，例如，通过在特定群体的聚集地投放红包、设置互动环节或提供专属优惠，可以激发人们的兴趣和好感，促使他们主动加入粉丝圈，这种方式一方面提高了加粉的质量，另一方面也增强了粉丝的活跃度和忠诚度，因为他们是在感兴趣的前提下加入的。

2. 微信群加粉

在微信群中加粉的艺术在于创造一种环境，使人们觉得这是他们的自然选择。这个过程可以从两个方向入手：一是创造有趣的互动体验，二是提供实际的价值和利益。企业可以通过组织各种社交游戏、分享引人入胜的故事、幽默段子或者引发共鸣的视频来吸引群成员的兴趣，使他们在轻松愉悦的氛围中自然而然地想要与自身建立更紧密的联系。利益型策略则是直接触及人们的利益点，如通过设置奖品抽奖、举办专属会员日、提供积分兑换礼品、转发内容领红包等方式提高人们的参与热情。

（二）转化率

转化率这一概念，在微信营销中指的是将关注企业账号的粉丝成功转化为实际购买产品或服务的客户的比例。粉丝是基于共同兴趣或品牌认同而聚集于微信平台的群体，他们可能被营销的内容、理念或者品牌故事吸引，这种情感上的联系构成了粉丝与品牌之间的初步联系。客户则是粉丝关系的深化阶段，是那些认同企业品牌价值，并愿意为获取产品或服务付费的个体，企业与客户之间的关系从基于情感的支持升级为基于价值交换的关系。这种转变是粉丝对品牌忠诚度的体现，也是企业营销效果的直接反馈。由此可见，衡量粉丝转化为客户的比率是评估微信营销成效的重要指标。

提高转化率应侧重于理解粉丝需求和优化客户体验，一旦粉丝成为客户，对产品或服务的期望自然提高。他们期待的不只是质量上的保障，更包括个性化服务、售后支持和持续的价值提供。因此企业需要从粉丝的角度出发，设计符合其需求的产品和服务，还要调整服务策略，确保每一位客户都能获得满意的购买体验。

（三）购买率

购买率是衡量微信营销效果的关键指标，它直接反映了营销活动有效促成交易的能力。要提高购买率，企业需要仔细考量多个影响因素，其中用户满意度和心理因素是核心。用户满意度是决定用户是否会重复购买的直接因素。满意的用户更有可能成为忠诚的顾客，进行二次甚至多次购买。用户的满意度不仅来源于产品或服务的质量，还包括购物过程中的体验和服务，例如，快速响应用户查询、提供个性化推荐、简化购物流程等都能显著提升用户的满意度。企业需要从用户体验的角度出发，优化微信商城的界面设计、支付流程、客服响应等功能，以提高用户的满意度。

用户心理因素同样影响购买行为，从众心理、品牌信任、购物习惯等都是影响用户购买决策的重要心理因素。在微信平台上，用户的购买行为往往会受朋友圈内其他用户行为的影响，如朋友分享的购物体验和推荐。企业可以通过举办分享赢红包、用户评价晒单等活动，激发用户的从众心理，并通过提供优质的产品和服务建立品牌信任，引导用户形成购买习惯。企业还需关注对用户购物习惯的培养，通过定期推送相关内容、提供定制化服务和优惠活动，有效增强用户对微信商城的黏性，以提高购买率。例如，根据用户的购买记录和浏览习惯，智能推荐他们可能感兴趣的商品，提供限时折扣或专属优惠，这些策略都能促进用户的重复购买。

（四）转发量

转发量作为衡量微信营销成效的一个重要指标，反映了内容或活动在用户群体中的传播效果和影响力。在微信平台上，用户的转发行为不只是朋友圈的图文分享，还包括各种微信活动链接、精选文章以及其他有价值的微信内容的转发。这种转发行为在一定程度上是来自用户对内容质量的认可和分享动机的驱动，如对内容的喜爱、对品牌的支持或是想与朋友圈内的朋友分享有趣、有用或触动心灵的内容。

朋友圈作为微信最受欢迎的社交功能之一，其转发量的高低直接关系着企业微信营销的影响力高低。为了提高朋友圈的转发量，企业需要深入理解用户的分享动机，通过提供高质量、具有吸引力的内容激发用户的分享欲望。例如，企业可以定期发布与用户生活密切相关的实用信息、趣味性强的互动活动或是感人至深的故事，这些内容更易被用户接受并分享。激励机制也是提高转发量的有效手段，设置奖励机制鼓励用户转发，如转发即可参与抽奖、转发达到一定数量可获得优惠券或礼品等，能有效刺激用户的转发行为，提高参与度。企业还需注意转发内容的时效性和目标群体的偏好，以确保内容的相关性和吸引力。

第二节 微信公众号营销

一、微信公众号概述

微信公众号提供了一个平台，让开发者或企业能在微信这个被广泛使用的社交网络中，直接与其目标受众进行多维度的交流和互动。利用公众号，企业不仅可以发送图文、语音、视频等多种形式的内容，还能够与人们进行实时的互动沟通。这在很大程度上丰富了企业与用户之间的沟通方式。注册一个公众号非常简单，只需一个有效的邮箱即可向微信公众平台提交申请，一旦获得批准，就可以开始定向地与粉丝群体分享资讯、推广服务或产品。

二、微信公众号类型

（一）订阅号

订阅号在微信平台上扮演着向用户提供丰富资讯的角色，类似于数字版的报纸或杂志，每天可以向订阅者发送一条群发消息。这种形式特别适合个人自媒体使用者、新闻资讯提供者等，以日常更新的方式持续为用户提供有价值的内容。区别于服务号，订阅号的消息并不直接显示在微信聊天列表中，而是被归类在一个专门的"订阅"文件夹里，这样的设计虽然在一定程度上可能会减少消息的即时被阅读率，但也因此减少了对用户日常使用的干扰，使用户在想要获取资讯时主动去查阅，这种被动式阅读模式有利于用户根据自身需求筛选阅读内容。

虽然订阅号的消息不会直接出现在聊天列表中，也不会触发即时的推送通知，需要用户主动进入订阅号文件夹查看，但这种设计同样有助于保持微信用户界面的整洁性，防止过多的推送信息干扰用户，维持了微信生态的良性运作。这样的机制鼓励订阅号运营者生产更高质量的内容来吸引用户主动查看，而不会因频繁地推送而打扰用户。

从长远来看，订阅号的这种机制有利于促进内容生产者与消费者之间建立更健康、更平衡的关系。订阅号成为一个专注于内容深度和质量而非简单追求点击量的平台，这有利于提升用户的阅读体验，也能鼓励内容创作者在内容的质量和深度上下更多的工夫，进而共同促进了微信生态圈的健康发展。

（二）服务号

服务号作为微信公众平台的一种类型，主要面向提供专业服务的企业或品牌，其设计初衷是为了强化企业用户等信息发出者与一般用户的互动交流，提供更为便捷的服务体验。不同于订阅号日常推送信息的功能，服务号更注重提供服务和增强用户体验方面的能力，服务号的消息推送频率虽然较低，每个月仅可群发四条消息，但每条发送的信息都会直接出现在用户的微信聊天列表中，这一点大大提升了信息的可见度和时效性。

服务号的消息提醒功能进一步保证了信息传达的有效性，无论是重要通知还是即时服务，用户都能在第一时间获得提示，这种直接的提醒机制，让服务号成为品牌与用户沟通的重要桥梁。此外，服务号还能提供自定义菜单功能，让企业能够根据自身服务的特点，设计出符合用户操作习惯的交互界面，从而提供更加个性化、便捷的服务。虽然服务号信息发布频次受限，每月四条的限制对于那些希望通过频繁信息推送来提升品牌知名度的企业来说确实可能是一种挑战，但对于已经拥有一定用户基础和品牌知名度的企业而言，服务号提供的精准化营销和高效的服务交互方式，无疑是提升用户体验、提高用户品牌忠诚度的有力工具。服务号通过其特有的功能，如消息提醒、自定义菜单等，能够帮助企业构建更为紧密的用户关系，实现更高效的服务提供和信息传递，这对于提升企业服务质量和提高用户体验具有重要意义。

三、微信公众号营销定位

（一）定位行业方向：打造有行业特色的微信公众号

随着微信公众号成为企业与用户互动的重要渠道，企业和各类媒体都纷纷投入资源运营公众号，但并非所有企业都能在这一领域取得成功，而失败的案例中，其失败的原因往往是缺乏明确的行业定位和缺少针对性内容策略。例如，若企业主营餐饮业务，那么其微信公众号就应紧扣饮食文化和美食分享的主题；若主营时尚服饰，则公众号内容应聚焦于时尚趋势、穿搭技巧等领域。

明确行业方向后，企业需要专注创建一个具有行业特色的公众号。在众多竞争者中脱颖而出，关键在于专注和独特性，专注意味着企业需要从广泛的领域聚焦到自己最擅长和最有潜力的细分市场，通过精耕细作，不断提升专业水平和服务质量，这种专注能够帮助公众号塑造鲜明的品牌形象，还能在特定的行业内建立权威，吸引并保持目标用户群的持续关注。微信营销通过展现企业在某一领域的深厚积累和独到见解，能够有效地提升用户的信任度和忠诚度，为企业带来长远的品牌价值和商业回报。

（二）定位目标需求：明确要面向的用户群

这一过程要求企业深入理解自己的产品服务以及这些产品服务所能满足的具体用户需求。企业的产品和服务直接决定了其潜在客户的范围，只有当企业准确识别出这些目标用户，并清楚地了解到他们的需求和偏好时，才能有效地将他们转化为品牌的忠实粉丝和消费者。

以某汽车企业的微信营销为例，该品牌通过高度精准的目标用户定位和用户行为大数据分析技术，成功地实现了品牌信息的有效传递。该企业不仅仅在公众号上广泛推广其汽车产品，更是通过微信公众号精心策划的内容营销，如发布《大数据，让你秒懂 ATS-L 运动进化论》这样的文章，针对汽车爱好者群体进行深入的品牌故事和产品特性介绍。这种策略让目标用户对该企业产生了深刻的印象，而且激发了他们对该企业汽车的强烈兴趣和购买欲望。

为了更有效地实现微信公众号营销的目标，企业需要细分其目标用户群体，理解他们的生活习惯、消费行为和偏好，这包括分析目标用户在互联网上的活跃区域，了解他们的信息接收偏好，以及他们对特定话题或产品的关注度。企业还需要关注目标用户的社交网络行为模式，通过用户生成内容、用户互动和反馈调整和优化公众号的内容策略，使其更加贴近用户的实际需求和兴趣点。在这个基础上，企业可以通过定制化的内容创作和个性化的用户互动，构建起与用户之间的信任和情感联系。

（三）定位核心产品：营销和产品主题相符合

在微信公众号营销中，精准定位核心产品并与营销主题相匹配是关键策略之一。某珠宝品牌在妇女节期间，精心策划并发布了一篇名为《"钻"如其人，花样钻饰闪耀女神节》的文章，通过巧妙地利用女神节这一节日名称，引入钻饰产品信息，为不同风格和喜好的女性推荐相应款式的钻戒。这种方法不仅紧扣节日主题，还展示了该珠宝品牌的产品多样性和个性化服务，成功吸引了目标客户的注意力，激发了其对该品牌产品的购买兴趣。

在当今互联网营销环境下，产品本身是企业成功的关键，也是构建品牌信任和忠诚度的基石，通过产品展示和营销内容的紧密结合，企业可以有效传递自身的价值观和品牌理念。因此，在运营微信公众号时，企业首先需要明确自己的核心产品是什么，然后围绕该产品设计符合目标受众需求和兴趣的营销主题。

由此可见，微信公众号的营销不应仅停留在表面的内容推广上，还应深入挖掘企业的核心产品潜力，结合目标市场的需求，创造性地开展主题营销活动。通过细分市场定位，发掘目标用户群体的独特需求，企业可以开发与之匹配的产品和服务，进而在内容同质化的市场环境中脱颖而出。无论是通过节日营销、主题活动还是个性化推广，精准定位核心产品与结合营销主题都将成为微信公众号营销成功的关键策略。只有做到真正的产品与服务的差异化，企业才能在竞争激烈的市场中巩固自己的地位，实现品牌的长期发展和客户忠诚度的提升。

四、微信公众号营销的三大指标

（一）流量

在数字营销领域，流量的核心在于吸引潜在客户的目光并与之互动，它包括品牌信息的曝光率以及与消费者的互动频次等数据。简而言之，品牌传播的成功与否，取决于能够触及多少受众，例如，企业可以通过在中央电视台播放广告的形式，扩大其广告观众群体，进而提升品牌知名度，这便是典型的品牌曝光策略。

追求高流量的根本目的是提高品牌的可见性，激发目标受众的好奇心和兴趣，甚至激发他们的购买意愿，促使他们主动了解品牌的产品和服务。换句话说，没有足够的流量，企业在激烈的互联网竞争环境中几乎没有立足之地。互联网上的流量类似于实体店铺前经过的行人数量，其中一些人会被吸引进店，这在数字营销中被称为转化率。然而，仅仅吸引顾客进店（或点击链接）并不保证销售的完成，转化率并不能直接等同于成交量。

从另一个角度来看，品牌必须深入理解流量质与量的重要性，并进行二者的平衡。高质量的流量意味着吸引到的是高度相关和潜在感兴趣的受众，这样的流量更有可能被转化为实际的销售量。例如，企业在社交媒体平台上发布与目标受众兴趣相关的内容，可以有效提升品牌的吸引力和参与度。

在这里需要注意"伪流量"。一些企业为了追求瞬时的高阅读量，不惜在公众号上发布与自身产品和服务毫无关联的信息，如流行八卦、战争新闻、国学讲解，甚至未经证实的谣言等。这类内容虽然可能一时会吸引到大量读者，阅读量飙升至数万乃至十万次，但这种做法并不符合企业长远利益。这些与企业核心业务无关的内容所吸引的流量，实际上是一种表面上的、短暂的"伪流量"。虽然数字上看起来令人印象深刻，但这些阅读者并不是潜在的客户，也不会对企业的产品或服务产生兴趣，更不用说转化为实际的销售量了。因此，这种策略实际上是一种误区，它不仅无法为企业带来真正的价值，还可能损害企业的品牌形象。正确的做法应当是发布与企业的产品、服务紧密相关的内容，以吸引目标客户群体的注意，促进与读者之间的有效互动，增强品牌忠诚度。通过提供有价值的信息，企业可以将流量转化为有形的资源，进而提升销售业绩。内容的相关性和质量是关键，它能够确保企业吸引的是真正对其产品或服务感兴趣的潜在客户。

（二）转化量

企业的营销策略，如内容发布和活动举办，旨在吸引大量关注，进而积累流量和增加粉丝数。当这一目标达成后，如何实现流量到实际效益的转换，即"转化量"，就成了关键。这一过程主要涉及三个方面：咨询量、资源量和销售量。

1. 咨询量

在企业的数字营销活动中，无论是发布产品相关的文章还是推广某项活动，其目标都是激发粉丝的兴趣，促使他们进一步了解并产生购买意向。这一过程中，粉丝与企业客服的互动和咨询行为，就成为衡量营销成效的重要指标之一，也就产生了所谓的"咨询量"。咨询量反映了潜在客户对产品或服务的感兴趣程度，是他们在购买决策过程中寻求更多信息的行为表现。以教育和旅游这类服务行业为例，其产品本质上是无形的，因此客户在做出购买决定前，往往需要通过多次咨询消除疑虑，了解详情。这种咨询行为是潜在客户购买过程的一部分，更是企业转化潜在客户为实际购买者的关键步骤。由此可见，咨询量的多寡可以直接影响到销售成绩的好坏，是连接营销与销售的桥梁。

从营销的角度看，所有前期工作的目的都是咨询量最大化，将流量转换为实际可操作的销售线索。如果企业无法有效地将流量转化为咨询量，那么无论之前的宣传活动多么响亮，其效果都将大打折扣。对此，企业必须确保其公众号文章和其他营销内容不仅能吸引人们的注意，更能引导他们与企业进行进一步的沟通和咨询。

在实现这一转化的过程中，所谓的"落地页"技巧显得尤为关键。当潜在客户通过电子邮件、社交媒体或在线广告等渠道看到企业发布的营销信息并点击链接时，他们首先接触到的就是落地页，这个页面是他们与企业互动的第一站，也是企业捕捉并收集潜在客户信息的黄金机会。通过精心设计的表单，落地页可以吸引访问者留下宝贵的联系信息，方便企业进行后续的跟进和沟通。在这个过程中，落地页提供了一种极度精准的用户体验，通过展示具有明确目标的页面，指引访问者走向预定的行动路径，进一步加强其与企业网站的联系。这种设计思路背后的目标是明确无误的：尽可能地将访问者转化为潜在的客户，为企业的销售团队创造更多机会。一个有效的落地页设计除包含吸引人的文案外，还应具备引导读者主动进行咨询的能力。好的文案不只是提供信息，还能激发读者的求知欲和购买欲。遗憾的是，很多企业在内容制作时忽视了这一点，尽管内容本身质量高，信息量大，但却不能激发阅读者的咨询意愿，导致营销效果大打折扣。

从销售的视角出发，仅仅提供大量的专业内容（通常称为"干货"）并非最佳实践，这些内容虽然在知识分享方面价值巨大，但可能引发一个潜在的问题：一旦用户获取了所需的信息，他们可能就不再感到有进一步探索或购买的必要。所以，高效的销售文案通常采用一种更有诱导性的策略，通过引发读者的好奇心和触及他们的需求痛点，激发他们采取行动的欲望。这种方法不会直接揭示所有答案，而是通过创造一种需求感，促使潜在客户为了获得解决方案而进行进一步的投资。

2. 资源量

B2B 企业，即 Business-to-Business 企业，是指那些提供利用电子商务模式进行企业间交易活动的平台或服务的企业。这些平台通常建立在专用网络或互联网中，能够使企业进行数据信息的交换和传递，从而开展交易活动。对于 B2B 企业而言，虽然在线直接成交的机会较少，且在线咨询和转化面临挑战，但利用微信公众号作为资源积累的平台却能显示出独特的优势。这种资源，可能来源于行业的上游或下游，包括潜在的代理商、经销商，甚至是最终的业务运营商。通过精心策划的公众号内容，B2B 企业能够引起这些潜在合作伙伴的兴趣和注意，进而累积将之转化成为宝贵的"资源量"。这里的资源量，虽不能直接转化为销售额，但在商业合作和扩展渠道方面具有不可忽视的价值。例如，通过微信公众号的有效运营，一些企业成功地吸引了大量关注其产品和服务的潜在合作伙伴。当企业有新产品推出或招商需求时，这些之前通过公众号积累的潜在合作伙伴便可以被迅速"激活"，转化为实际的合作机会。此过程中，公众号一方面作为信息发布的平台，另一方面更是企业与潜在合作伙伴建立联系和深化了解的桥梁。

为了吸引并维持这些潜在合作伙伴的兴趣，B2B 企业需要在公众号上发布与目标受众密切相关的内容。这些内容应覆盖行业动态、产品创新、合作案例等方面，以提供价值，建立信任并促进互动。最终，当有具体的合作需求或商机出现时，这些通过公众号积累的资源量便成为企业的重要资产，可通过进一步的线下交流和合作洽谈，转化为实际的业务增长点。

3. 销售量

运营微信公众号的核心目的超越了单纯的品牌维护和宣传，它的真正价值在于将关注度转化为实质性的业务成果，即把咨询量、资源量转化为最终的销售量，进而直接贡献于企业的营收增长。如果公众号的内容不能有效地转化为这三种关键指标中的任何一个，那么其存在的意义便大打折扣。

对大型品牌而言，公众号是其与消费者互动、提供服务、增强用户体验的重要平台。通过精心设计的内容和互动策略，这些品牌能够增强消费者的品牌忠诚度，进而促进转化。

微信公众号还扮演着客户关系管理的角色，可以提供服务功能，更重要的是，这些服务可以实现销售的转化。微信作为一个全面的营销生态系统，为企业提供了一个多维度的回报机制，包括品牌建设、销售增长、合作机会以及老客户重复购买率的提升。更进一步说，满意的老客户还可能成为品牌的口碑传播者，为企业带来新客户，实现更广泛的市场宣传。

（三）活跃量

随着微信公众号运营进入成熟期，企业公众号运营面临的挑战之一便是如何持续吸引并维持粉丝的活跃度。在公众号的生命周期中，企业难免会进入粉丝参与度下降、阅读量减少的低谷期。此时，运营团队必须积极寻求创新方法，重新点燃粉丝的参与热情。实现这一目标的策略包括利用微信公众号的内置互动功能，如开展原创内容的留言互动、在文章末尾设置引人参与的问题或举办抽奖活动等。这些策略能够增加粉丝的互动数，也是重新激活沉默粉丝、提高页面活跃度的有效手段。对公众号而言，拥有大量粉丝并不意味着成功，关键在于这些粉丝是否活跃，因为只有活跃的粉丝才能真正为品牌创造价值。

为了提升粉丝互动和参与度，新媒体团队中必须有专门的策划人员，负责设计和执行与粉丝互动的策略，包括但不限于利用微信公众号最近增加的功能，如消息通知、留言板块及精选留言等。这些都是腾讯为了促进公众号与粉丝之间的互动而推出的新工具。通过有效的标签化管理和对互动功能的运用，企业可以显著提升粉丝的参与度和活跃度。腾讯的这些创新尝试说明了平台也在不断探索如何提高公众号的粉丝互动量，为运营者提供更多工具和可能性。

品牌运营的目标应当是吸引与品牌高度相关的质量流量，而非追求与品牌无关的大量流量。即使是世界级的大公司，如华为和IBM，其公众号的阅读量也可能并不如一些娱乐或者热点新闻类公众号那样高，但其粉丝质量和对品牌的忠诚度无疑是极高的。这些企业的案例表明，追求与品牌密切相关的高质量内容发布和粉丝互动，比简单地追求数量更能够带来长期的品牌价值。

五、微信公众号的营销对策

（一）微信营销要用心服务，以质取胜

在数字化营销的海洋中，微信营销已成为连接品牌与客户的桥梁，尤其是微信公众号的精细化服务。成功的微信营销不只是信息的传递，更是一种艺术，一种用心去触摸用户心灵的艺术。为了在竞争激烈的市场中脱颖而出，品牌必须将公众号塑造为用户的"生活小秘书"，为其提供有价值的内容，满足用户的各种需求，包括通过实施精心策划的内容策略，提供行业动态、生活小贴士，甚至是提供用户日常遇到的问题的解决方案，使用户能够在第一时间获取所需信息。

将线上内容与线下活动相结合，是增强用户互动体验、提升品牌亲和力的有效手段。通过线下活动的举办，企业可以深化用户对品牌的认识与好感，促进品牌与用户之间的实时互动，增加用户的参与度和忠诚度。成功的活动不仅能够为公众号带来显著的流量和关注度提升，还是

品牌形象塑造的重要途径。

但是，内容的质量始终是微信营销的核心，内容的原创性、实用性和趣味性是吸引和保持用户关注的关键。高质量的内容能够激发用户的兴趣和参与感，促使他们主动分享，从而实现品牌传播，反之，频繁且低质的内容推送不仅不能增加用户黏性，还可能导致用户的反感和流失。所以，品牌需要精心策划每一条消息，确保每次推送都能为用户带来价值，而不是简单地追求内容的数量。

（二）及时关注国家政策及微信新规定

在微信营销的海洋中航行，企业必须像精明的船长一样，随时关注法律和政策的风向标。在信息技术飞速发展的今天，网络安全和信息保护成为国家监管的重点，伴随着法律法规的日趋完善，微信作为一个拥有亿万用户的平台，其每一个功能更新、每一条信息发布都牵动着监管政策的敏感神经。作为企业，利用微信公众平台进行营销活动，就必须时刻保持警觉，密切关注国家的最新政策动态，确保每一次营销活动都是在法律的框架内进行的，避免触碰法律红线。

遵守法规不仅是企业社会责任的体现，还是企业长远发展的需要。随着用户对隐私权和个人信息保护的日益重视，合法合规的营销活动更能获得用户的信任和支持。企业在开展微信营销时，既要注重内容的创新和用户体验的提升，更要将合法合规作为营销活动的底线，将遵纪守法融入企业文化和营销策略中去。

（三）提高微信公众平台的安全性

随着平台开放性的增强，安全隐患亦随之增加，维护微信公众平台的安全性是保障企业信誉的关键，也是建立用户信任的基石。由此可知，加强微信公众号的安全性成了每个运营者的首要任务。

第一，企业应对接入的第三方应用进行严格审查，确保其来源可靠、无安全漏洞，防止恶意软件的侵入和数据泄露。第二，加强日常管理，运营团队不应轻易点击不明链接或下载不可信的文件，以免给公众号带来病毒或钓鱼攻击。第三，定期更新和升级系统安全设置，使用微信官方提供的安全工具，如"安全助手"，绑定并验证公众号，对账户进行全方位的监控与保护，确保每一次的信息发布和用户互动都是在安全的环境下进行的。第四，培养用户的安全意识，通过公众号定期发布网络安全知识，引导用户识别网络诈骗，保护个人信息，提升用户的安全防护能力，增强用户对公众号的信任度和依赖度。通过建立一个安全、可靠的微信公众平台，企业能够保障自身的数据安全，更能在用户心中树立良好的品牌形象，赢得长期的市场竞争力。

（四）借鉴其他营销平台进行营销互补

在数字化营销的多元化时代，单一平台的营销策略已难以满足企业全方位的推广需求，微信营销虽然是许多企业的首选渠道，但其固有的限制，如目标群体的局限性、信息传播的时效性以及投入产出比等问题也日渐凸显。因此，构建一个多元化的营销体系，实现不同平台间的优势互补，成为提升营销效率和扩大品牌影响力的有效途径。

具体而言，企业应积极探索与微信营销相辅相成的其他社交媒体平台营销方式，如微博、QQ、抖音等，以及专业的B2B平台或行业社区，这些平台各有千秋，在用户基础、互动方式、内容传播机制等方面与微信存在差异，企业可以根据自身的品牌定位和营销目标，选择合适的平台进行差异化营销。例如，微博以其开放性和即时性特点，更适合进行大范围的品牌宣传和事件营销；而抖音等短视频平台则凭借其娱乐性和视觉冲击力，成为展示企业文化、产品特性的理想场所。企业可以在这些平台上制作与微信公众号内容相呼应且风格各异的营销素材，实现跨平台的内容联动，吸引更广泛的用户关注。此外，线下活动的结合也是不可忽视的营销策略，线下活动与线上社交平台的联动，可以增强用户的品牌体验，还能通过现场互动、活动直播等形式，将企业线下的影响力转化为线上的关注度，实现营销效果的最大化。

（五）建立"新媒体特种兵团队"

在新媒体营销的战场上，拥有一个多才多艺的团队是企业成功的关键，这样的团队，被形象地比喻为"新媒体特种兵团队"，其中每位成员都扮演着至关重要的角色，共同构成了一支强大的"特种部队"。这支队伍涵盖了内容创作的高手、精于编辑的专家、策划活动的智囊、社群运营的高手，以及进行创意设计的大师。这种跨领域的专业合作，确保了新媒体战略的全面性和深度。对富有远见的企业而言，投资建立一支"新媒体特种兵团队"是实施战略计划的前提。但现实中许多企业对新媒体领域投入不足，结果导致团队配置不全，缺乏专业性，难以达成预期的战略目标。象征性的小投入，如同期待用鹌鹑蛋孵化出鸵鸟，是不切实际的，只有敢于投入足够资源，才能孵化出能够带来显著回报的鸵鸟。

内容创作是新媒体营销的核心，它往往占据整个营销策略的重要性的一半以上。因此需要由内容创作的专家来担纲，他们能够将企业的产品、品牌故事与市场调性巧妙融合，通过原创内容吸引并激活粉丝互动。编辑团队的作用也不容小觑，他们负责将这些内容和创意进行优化呈现，通过文字和图片的巧妙搭配，确保粉丝阅读体验的舒适度和互动性。此外，"特种部队"还必须具备迅速启动营销的能力，能够激发粉丝、员工、合作伙伴乃至所有可利用资源的传播力量，共同为品牌声音的放大和传播贡献力量。

六、微信公众号营销的注意事项

第一，企业在运营微信公众号时应避免过度分散资源，尤其对于中小型企业而言，集中精力打造单个服务号往往比拥有多个订阅号更有宣传效果。服务号提供的功能更加全面，能够满足企业与用户互动交流的需求，同时便于企业进行品牌宣传与服务推广。相比之下，订阅号虽然更新频率较高，但对提高精准营销的效果作用不大。企业应根据自身规模和业务特点，选择最适合自己的公众号类型进行深耕。

第二，对刚开始涉足微信营销的企业来说，过早地关注复杂的数据分析并不是最优的选择。在初期阶段，企业更应该专注于建立与用户的互动联系，尤其是将现有的老客户转化为微信平台上忠实粉丝的任务。通过各种活动、优惠信息等手段，企业可以激发老客户在微信平台上的参与度和活跃度，从而为公众号积累稳定的粉丝基础。

第三，希望突破微信好友人数限制的企业，可以采取矩阵化运营的策略。即当一个账号的好友数接近上限（4000人）时，便开通另一个账号，复制原账号的头像、昵称，并同步朋友圈内容。这样不仅能够有效规避粉丝，还能保持品牌形象的一致性。多个账号同步更新内容，可以形成内容传播的矩阵，从而扩大品牌影响力。

第四，要提高微信文章的点击率，标题有吸引力至关重要，它能直接影响用户是否点击阅读，一个具有吸引力的标题，能够激起读者的好奇心，而文章摘要和首图则是进一步吸引用户阅读的关键。因此在撰写微信文章时，文案人员应精心设计标题，让其既能准确反映文章内容，又具有足够的吸引力。文章标题的前13个字尤为关键，这是因为微信推送消息时只展示标题的前13个字，足以影响用户的初印象和是否点击，在这基础上，适当加入辅助情感说明，如强调文章的热度或分享范围，可以进一步提升用户的兴趣，但应谨慎使用，避免过度夸大或误导。

第五，为了保持朋友圈的美观性并提升用户的点击意愿，企业可以使用短链接替代长链接。长链接往往显得冗长复杂，不利于用户阅读和点击。运营人员可以利用微博等社交平台自动生成短链接的功能，或是使用专门的短链接生成服务，优化链接的呈现方式，增加用户互动。

第六，定期发布系列原创文章，既可以吸引并保持粉丝的持续关注，还能有效提高用户与公众号的互动数。连载形式，可以激发粉丝的好奇心和期待感，使他们主动寻找并阅读更多内容，进而深化用户对公众号的忠诚度。

第七，在公众号文章底部适当提醒用户分享和关注，而避免使用过多的提示图片，显得更为专业，也避免了用户产生反感情绪。简洁明了的提醒方式更容易被用户接受，有助于促进内容的传播和公众号的增粉。

第八，在朋友圈中发布内容时，应避免过于规律化的时间安排，以增加发布的自然度和生活化。可以选择在某个时间段内发布，如早晨8点到10点，这样既保持了一定的规律性，又不会显得机械生硬。

第九，利用闲暇时间在朋友圈积极回复消息，可以增加与粉丝的互动和熟悉度。运营人员还应注意回复的内容和场合，对敏感或不适宜点赞的消息，应避免不当互动，以免伤害用户感情。

第三节　微信朋友圈营销

一、微信朋友圈的含义

朋友圈营销，即通过微信朋友圈这一社交平台进行的品牌推广与产品营销活动，是现代社交媒体营销策略中的一种重要形式。利用朋友圈的广泛覆盖性和高频互动特性，企业或个体通过精心设计的发布内容，如品牌故事、产品介绍、生活化案例分享、团队文化展现，以及个人品牌打造等内容，可以逐渐建立与受众间的信任关系，并吸引他们的兴趣，进而促进业务的增长和品牌的传播。朋友圈营销的优势在于可低成本入门、直接触达目标群体和高效传播等特点。在当下智能手机普及的背景下，几乎每个人都是朋友圈的活跃用户，将朋友圈作为日常生活的一部分，这为企业提供了一个巨大的潜在市场。假设一个个人微信号能够满额添加5000名好友，那么每次发布的内容就有可能直接触达这5000名受众，实现了无须经过传统广告媒介和销售渠道的直接宣传。

二、微信朋友圈营销的优势

微信朋友圈营销的优势如图4-1所示。

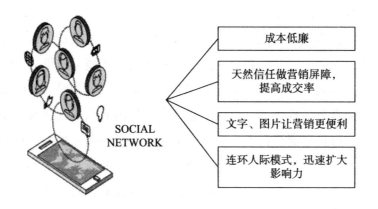

图4-1　微信朋友圈营销的优势

（一）成本低廉

1. 免店租

对初创企业来说，启动资金的有限性往往会使其在物理门店的设置上遇到难题。传统的观念认为，要销售产品就必须拥有实体店铺，且店铺的地理位置对吸引顾客流量至关重要，可以直接关系到生意的成败。但是，优质地段的高昂租金无疑会消耗大部分有限的启动资金，使创业者承受巨大的经济压力。随着移动互联网技术的飞速发展和智能手机的普及，微信朋友圈成了人们日常生活中不可或缺的一部分，占据了大量的碎片时间，这一变化为创业者提供了新的营销平台。通过微信朋友圈进行产品推广和销售，创业者无须承担高昂的实体店租金，这大大降低了初始投资成本。这种方式节约了资金，还使创业者能够将有限的资源集中投入产品质量提升、市场调研等更为关键的环节。

微信朋友圈营销的优势在于低成本、高效率，创业者无须投资于店面装修和租赁，只需利用现有的社交网络平台，就可以实现产品的宣传和销售。无论是存储产品还是作为代理销售，都能够通过这一平台直接与消费者建立联系，有效地提高产品的市场曝光率和销售量。

2. 不用买流量

在数字营销领域，流量一直是企业和个人营销成功的关键，传统的互联网营销模式中，企业和商家往往需要通过购买搜索引擎的关键词广告或电商平台的推广服务来获得潜在客户的访问。这种模式下的流量获取往往伴随着高昂的成本。例如，通过竞价排名获取的流量需要按点击支付费用，而在电商平台上，商家为了提高商品的曝光率，不得不投入大量资金购买广告位。随着市场竞争的加剧，这些成本越来越高，尤其对个体经营者而言，高额的流量购买费用成了他们发展壁垒，限制了品牌建设和产品推广的步伐。而微信的出现，尤其是朋友圈功能的推出，为追求成本效益的营销策略的实施提供了新的可能。微信朋友圈作为一个社交网络平台，其最大的优势在于能够为企业和个人提供一个几乎零成本获取流量的渠道，在这个平台上，无论是寻求新客户还是维护旧客户，都无需支付额外的费用。这一变化，对创业个体来说，无疑是开辟了一条低成本、高效率的营销通道。

通过微信朋友圈，个体经营者可以利用个人的社交网络进行产品和服务的推广。他们可以发布吸引人的内容、分享实用信息或者举办线上活动以吸引更多的关注和互动，并在无需支付任何广告费用的情况下扩大自己的影响力。更重要的是，这种方式能够帮助个体经营者节省大量的营销成本，还能够让他们直接接触到潜在客户，建立起更加亲密和直接的客户关系。微信朋友圈营销的另一个显著优势是其自然的流量获取方式，不同于传统的付费推广，朋友圈内的信息分享是基于用户的自主选择和互动的，这种自然流量的获取方式更能够引起用户的信任和好感。

3. 免费用微信

在数字化营销的浪潮中，微信以其独特的社交属性和全面的功能集成，为个人和小型创业者铺开了一条成本极低甚至为零的营销道路，特别是在 WiFi 环境下，微信的使用成本几乎可以忽略不计，这让许多创业者得以利用这一平台，以极低的成本开展营销活动，推广自己的品牌和产品。微信平台为用户提供了丰富多样的功能，包括但不限于朋友圈分享、即时消息通信、语音视频通话、位置分享等，而所有这些功能对用户来说都是完全免费的，这意味着，一旦用户登录了微信，他们就可以无成本地利用这些功能进行营销活动。例如，通过朋友圈分享产品信息、使用"附近的人"功能扩大品牌曝光度，或是通过"漂流瓶"功能进行创意营销等。

这种零成本的营销模式，特别适合那些资金有限但富有创意和热情的个人创业者，他们不需要投入大量资金购买广告位或支付推广费用，就能够利用微信的各项功能，开展有趣而有效的营销活动，与潜在客户建立更加"亲密"的联系。更重要的是，这些营销活动的成本极低，使创业者能够将有限的资金投入产品的开发和服务的优化中，进一步提高自身竞争力。

4. 活动成本低

微信天然具备社交属性，为个人营销提供了一个互动性极强的平台，能够让创业者以极低的成本，迅速增强与目标群体之间的互动和黏性，提高品牌认知度和客户转化率。

首先，微信的社交属性为营销活动提供了天然的土壤。通过精心设计的互动活动，创业者可以有效地拉近与潜在客户之间的距离，构建起基于信任的社交网络。这种在微信平台上进行的营销活动，能够利用平台便捷的分享和传播机制，使信息迅速扩散，形成口碑效应，进而增强品牌影响力。其次，相比于传统实体店铺的促销活动，微信朋友圈营销活动的成本要低得多。线上活动无须租赁场地、装修布置、聘请工作人员等，大大降低了组织活动的直接成本。即便是设置奖品以吸引用户参与，其成本也远低于传统营销活动。例如，举办在线抽奖、限时折扣、买一送一等活动，能够激发用户的参与热情，还能有效提升品牌曝光度和销售转化率。最后，微信朋友圈营销活动的灵活性和创新性，使个人创业者能够根据实际情况和目标客户的特点，设计出更具吸引力的营销方案。无论是通过趣味性的互动游戏，还是分享故事、经验，都能够以更低的成本达到更高的用户参与度和满意度。

（二）天然信任做营销屏障，提高成交率

1. 以了解为前提

在微信朋友圈的世界里，人们似乎与每位好友都保持着一定程度的亲密关系，但实际上，真正深入了解的好友并不多，更多的是"熟悉的陌生人"。因此，若想在这个私密又开放的空间里赢得广泛的信任与支持，首要任务便是深入了解圈中的每一位成员。想要成为一个备受欢迎且被信赖的朋友圈成员，需要从真诚地了解每一位好友开始，这种了解不仅仅是知道他们的名字和基本信息，更是要通过频繁而有意义的互动，了解他们的兴趣爱好、生活态度，甚至是工作学习中的点滴。这样的互动可以是点对点的深度对话，也可以是在公开场合下的集体互动，只有用心去经营这些关系，投入时间和精力去了解每个人，才有可能在这个圈子里获得更深层次的认可和支持。

信任的建立是一个逐步积累的过程，从最初的陌生到后来关系的密切，这一切都建立在相互了解的基础之上。当人们从一个陌生人转变为别人生活中不可或缺的一部分时，这份信任也随之增长。了解和信任是双向互动的结果，人们在努力了解他人时，也要勇于展示自己的真实面貌，让他人有机会更全面地了解自己。只有这样，彼此之间的关系才能转变为真正的友谊，构建起牢不可破的信任网络，进而在微信这个平台上实现社交与营销目标。

2. 安全感做后盾

在数字时代的消费市场中，消费者面临的最大挑战之一就是如何在虚拟的购物环境中找到足够的安全感。尤其是对微信朋友圈这样的个人化营销平台，消费者往往对这种个体经营者的信任度不如实体店铺，这种担忧源于网络交易的虚拟性和不确定性。因此，在这个背景下，构建消费者的安全感便成了微商成功转化潜在顾客为实际购买者的关键。

微信朋友圈营销之所以能够在激烈的市场竞争中脱颖而出，是因为它能够在熟人网络中营造出一种难以置换的安全感，这种安全感来自朋

友圈内熟人之间的相互了解和信任，可以为产品和服务的推广提供一个坚实的基础。在这种信任的环境下，个人营销者能够更容易地向朋友圈成员介绍和推广自己的产品，也能通过这种信任关系影响更广泛的潜在客户群体。事实上，微信朋友圈营销的影响范围远不止是直接的朋友圈成员，每个成员背后都可能连接着数十，甚至数百个潜在的消费者。通过一系列精心设计的互动和营销策略，营销者可以使这些潜在客户通过"信任的背书"了解并信赖自己的产品或服务。这种基于个人关系网的营销模式，既降低了传统广告宣传的成本，还在效率和效果上有着传统方式所不可比拟的优势。

3. 半私密性的互动

微信朋友圈的半私密性互动机制为个人营销提供了一个独特的竞争优势，这一机制使用户在分享信息时，能够自主选择信息的可见范围，营销信息可以仅对特定的好友群体开放，形成一种闭环的信息流通环境。例如，当商家或个人发布一条新的朋友圈信息时，他们可以精准地选择哪些好友可以看到这条信息，哪些不能，这样的设置增强了信息传递的针对性，也增加了信息交流的私密性。这种独特的半私密性互动，为商家保护客源提供了天然的屏障，商家无须担心自己辛苦培养的客户被竞争对手轻易窥探到或抢走，因为信息的流通完全在商家的控制之下。这一机制也大大减少了负面信息的扩散风险，即使商家的朋友圈中出现了不满意的反馈，由于信息的可见范围被限定在特定的用户群内，这些负面反馈不会轻易地影响到其他潜在客户的看法。

在实践中，利用微信朋友圈的半私密性互动，商家可以更加精细化地管理自己的客户群体，通过建立多个不同的交流圈子，为不同的客户群提供定制化的服务和信息，进一步增强用户的归属感和满意度。

（三）文字、图片让营销更便利

1. 文字吸引客户

文字无疑是传达信息、吸引客户的利器。巧妙地运用文字，营销者可以让营销信息如同春风拂面，悄然间赢得读者的心。为了让文字成为营销利剑，营销者可参考以下几点策略。

（1）精练而富有力量的文字。在信息爆炸的时代，简洁有力的文字更能抓住人们的眼球。要知道，在滚滚信息流中，每个人的注意力都是稀缺资源，企业或个人在撰写朋友圈营销内容时，应遵循"少即是多"的原则，用最简短的文字传达最核心的信息，让读者能在瞬间抓住信息的精髓，激发其继续阅读的兴趣。

（2）注入趣味，激活阅读愉悦感。人们往往厌倦枯燥乏味的文字，而富有趣味性的内容则能为快节奏的生活增添一抹亮色。企业或个人应致力创作让人一笑的文字，用幽默、机智或温馨的故事吸引读者，让营销信息在轻松愉快的氛围中传播。注意，人们更愿意分享那些能够带来正能量、让自己心情愉快的内容。

（3）情感的力量，让文字生动起来。人是情感的动物，情感的力量能够深深触动人心。在微信朋友圈的文字营销中，加入情感元素，能使内容更加生动、更有温度。无论是分享一个温馨的家庭小故事，还是表达对生活的热爱和对未来的憧憬，情感充沛的文字都能够让读者感同身受，与之建立起更加紧密的情感联系，让文字不再是冰冷的字符序列，而是充满人情味的故事和情感的流露。

（4）交流而非单向传播。真正有效的营销不应该是单向的传播，而是双向的交流。在营销信息中融入引导互动的元素，如提出问题鼓励读者回答，或是分享个人见解并邀请他人分享观点，可以大大增强营销信息的互动性。这种双向交流能够增加用户的参与感，还能够收集到宝贵的用户反馈，为后续的营销策略调整提供指导。

2. 用图片引起客户的兴趣和注意

图片是传达信息、吸引注意力的有力工具，在文字构成的信息海洋中，一张鲜明、生动的图片能瞬间抓住人们的目光，激发他们的好奇心和兴趣。但是，并非所有图片都具有这种魔力。想要通过图片在微信朋友圈中成功吸引客户，以下几个策略至关重要。

（1）图片的独特性和个性化。在千篇一律的信息流中，只有那些具有独特视角和个性化特征的图片才能脱颖而出，成为焦点，所以，企业或个人在选择图片时，需要寻找那些能够反映品牌特色、展现产品独特性或者传递特定情感的图片，这样的图片既能引起人们的兴趣，还能加深他们对品牌或产品的记忆。例如，使用一张结合了创意和美感的图片展示产品，或者通过一张充满情感的照片传递品牌理念，都能有效地吸引目标客户的注意。

（2）融入生活气息，呈现人文关怀。图片营销不只是展示产品，更是传递一种生活态度并唤起情感共鸣，企业或个人应更多地使用那些蕴含日常生活场景、能激发人们共鸣的图片。例如，展示产品在日常生活中的应用场景，或者通过图片讲述一个温馨、感人的小故事，这些都能拉近与目标客户的距离，激发他们的情感共鸣，进而增强品牌的亲和力和目标客户的信任度。这样的图片，能展示产品的实用性，还能传递出品牌的温度，让营销信息更加贴近人心。

（3）创意融合，激发想象。图片的创意融合是提高微信朋友圈营销效果的重要手段，创意图片能激发人们的想象力和探索欲，引发更多的讨论和分享。例如，将产品与不同的文化元素、艺术风格相结合，可以创造出独一无二的视觉效果；通过趣味搞笑的图片吸引人们的注意，可以增加品牌的亲民度。这种通过图片展现出来的创意和趣味性，能有效提升品牌形象，让营销信息在轻松愉快的氛围中传播。

（4）配图要有针对性。每张配图都需要与文案内容紧密相连，强化所传递的信息。不当的配图会使信息传达变得模糊不清，而针对性强的图片则能够让信息一目了然，增强文案的说服力。另外，将客户成功案例的图片作为配图，是提升信任度的有效方法，真实的使用场景能够让潜在客户看到产品的实际效果，减少犹豫，增强购买意愿。这些案例图片应展示出产品解决问题的能力和带来的改变，让客户能够直观地感受到产品的价值。还可以选择那些充满生活气息和人情味的图片作为配图，这能够让营销信息更加贴近生活，拉近与客户的距离，这样的图片更容易引发客户的共鸣，激发他们对产品或服务的好感。而且，展现产品在日常生活中的应用场景，可以让客户感受到产品与自己生活的紧密联系。

（四）连环人际模式，迅速扩大影响力

微信朋友圈营销，是一种以紧密的人际关系网为基础而进行的品牌推广策略，旨在通过温馨的社交互动与目标客户形成深层次的信任纽带。在这一策略中，免费赠送产品给好友不仅是一种市场推广手段，更是一种情感联结和信任构建的方式。以下是深化连环人际模式，实现有效"信任背书"的策略拓展。

1. 赠送产品

在微信朋友圈的人际交往中，赠送产品给好友使用是一种极具情感价值的行为。这一行为传递了友好和关怀，更在无形中建立了一座情感的桥梁，将个人或企业与朋友圈中的好友紧密相连。通过这种亲密无间的交流，个人或企业在朋友圈中的形象逐渐升华，从一个普通的社交角色转变为一个值得信赖和依靠的好友。这种转变为后续的营销活动奠定了坚实的情感基础。

免费赠送产品的行为，本质上是一种以用户为中心的营销策略，让好友亲身体验产品，能够增强他们对产品的认知和理解，并让他们感受到产品的实际价值和品质。这种从用户出发的策略，能够有效提升产品的接受度和认同感，进一步促使好友在个人的信任基础上，向更广泛的人群进行积极的推荐和背书。这种由内而外的推广方式，相较于传统的广告宣传，更能引起潜在客户的注意和兴趣。

需要注意的是，在微信朋友圈进行营销时，免费给好友赠送产品只是第一步，更重要的是如何通过这一行为激发起连环人际模式的扩散效应。当好友在体验产品的过程中感受到满意并进行"信任背书"时，这种正面评价会在朋友圈中迅速传播，形成一种正向的口碑效应。这种基于真实体验和情感认同的推广方式，能够迅速扩大品牌的影响力，建立起一个稳固的信任网络。

2. 给转发的客户以适当的实惠

（1）链接多重社交圈层：扩散营销信息。微信朋友圈营销活动的核心目标之一便是打破单一社交圈层的界限，将营销信息推广至更广泛的社交网络。要实现这一目的，就必须激发用户的转发动机，使营销信息能够跨越不同的社交圈层，触达更多潜在客户。提供明确的转发激励，如优惠券、折扣等，可以有效促使用户将营销信息转发至自己的朋友圈，实现信息的链式扩散。

（2）转发即享优惠：营造互动共赢。设定"转发即享优惠"规则，能够刺激用户的转发行为，也能在用户心中树立积极的品牌形象。通过简单的转发操作，用户便可享受到实实在在的优惠或服务，这种形式的营销策略，不但能够快速提升品牌知名度，而且能在潜在客户中建立起良好的口碑，实现品牌与用户之间的互动共赢。

（3）转发有礼：精准触达潜在客户。"转发有礼"策略，指通过为转发行为提供小礼物或其他形式的奖励，进一步提高用户参与营销活动积极性的营销策略。这种策略能激发用户的转发热情，更能通过礼物的实用性或吸引力，增强用户对品牌的好感和忠诚度。在选择礼品时，应提供具有普遍吸引力和实用价值的礼物，如电影票、优惠券等，以确保转发活动能够触达更广泛的用户群体，激发更多潜在客户的兴趣。

（4）策略实施的注意事项。在实施转发激励策略时，需确保激励机制的公平性和透明性，避免引起用户之间的不满或误解。还应定期评估转发激励策略的效果，根据用户反馈和参与情况适时调整激励措施，以保持营销活动的新鲜感和吸引力。

3. 寻找共同话题，加强联系

（1）发掘共鸣话题增强心理共鸣。微信朋友圈，作为个体社交的集合平台，反映了广泛的社会关系和个人兴趣。在这一背景下，选择能够引起广泛共鸣的话题至关重要。这类话题不仅包括个人兴趣，更应当触及时下热门事件、流行文化、共同关心的社会议题等，以此作为切入点，激发朋友圈内部的讨论热情，进而加深彼此间的情感联结，构建起基于共同兴趣和观点的社群。

（2）时事热点与生活趣事引发讨论。对企业和个人来说，深度参与朋友圈的日常对话，分享对时事热点的看法、旅游风光的体验或是日常生活中的有趣故事，是建立良好人际关系的有效途径。这样的分享能提升个人或品牌的亲和力，还能促进信息的自然流动，使营销信息在不经意间得到传播。

（3）共鸣话题的选择与运用。在选择共鸣话题时，人们需注重话题的普遍性和包容性，确保其能够覆盖朋友圈内不同背景的好友。话题的呈现方式也需多样化，结合图文、短视频等形式，使信息传递更加生动、直观。此外，对引发的讨论，企业或个人需积极参与，通过点赞、评论等方式与好友互动，以加深情感的共鸣，建立更为稳固的信任基础。

三、微信朋友圈营销的对策

（一）朋友圈形象设计

1. 个性化的头像：第一印象的使者

头像在社交网络世界中就如同人在现实世界的面孔，是人们留给他人的第一印象。一个清晰、具有职业感的真实照片，能够让人信任并感到亲切。选择一个能够反映个人特色、与微信昵称相辅相成的头像，对塑造个人 IP 至关重要。它能够展示个人的专业形象，还能凸显独特个性。要避免使用过于通俗或缺乏个性的图像，以确保在众多的社交形象中脱颖而出。

2. 昵称：个人品牌的核心

昵称是账号在数字世界中的名称，关乎个人品牌的核心。一个好的昵称能够给人留下深刻印象，便于传播和记忆。这里推荐使用结合真实姓名和专业标签的方式，如"李明——区块链专家"，这样的昵称既易于理解，还能快速告诉他人专业领域之所在，增强个人品牌的专业形象。

3. 标签：个性签名的魅力

个性签名在微信朋友圈中扮演着品牌广告语的角色，是展示个人特色和身份的重要手段。一个具有创意的个性签名，能够简洁有力地表达个人的核心价值和生活态度，吸引志同道合的人群。无论是展示个人成就、表达生活哲学还是进行职业定位，一个精心设计的个性签名都能让人印象深刻。

4. 封面：朋友圈的"招牌"

朋友圈封面是展示个人形象和品牌价值的"橱窗"。一个专业且具有个人特色的朋友圈封面，能够给人以专业可信的第一印象，还能深化用户对个人或企业品牌的认知。朋友圈封面包含个人形象照、简介、成就荣誉，以及能为他人带来价值的要素，这些都是构成优秀朋友圈封面的关键因素。

反映了营销者的个性和品牌微信朋友圈特点的形象设计，就像是在虚拟世界中塑造的一个精致的面孔，决定了他人对营销者的第一印象和是否会持续关注。只有精心设计头像、昵称、标签和封面，才能在这个信息爆炸的时代中，建立起独一无二的个人 IP，吸引更多的目光，与目标客户建立深厚的信任感。

（二）朋友圈内容发布

1. 精准定位内容主题

发布的内容需紧密围绕用户群体的兴趣爱好、需求痛点进行策划，确保每一条发布内容都能触及用户的心弦。无论是品牌故事、产品亮点展示、成功案例分享，还是团队文化介绍和个人品牌建设，其内容都应真实反映品牌价值，传递正能量，以建立和增强用户的信任感和归属感。

2. 把握最佳发布时机

内容发布的时机选择对用户的触达率和互动率有着直接的影响。建议在用户活跃度较高的时间段进行发布，如早晨起床时间（8:00—9:00），中午休息时间（12:00—13:00）以及晚上休闲时间（21:00—22:00）。在这些时段，用户更有可能浏览朋友圈，内容的曝光率和互动概率更高。

3. 内容发布的艺术

内容的发布要关注其质量和时机，还需注重呈现形式。图文结合、视频短片、语音解说等多样化的内容形式，更能吸引用户的注意，提供丰富的用户体验。同时，内容应简洁明了，避免冗长乏味，以图文并茂、段落清晰的方式，让信息一目了然，易于阅读和理解。

4. 发布频次

在微信朋友圈进行有效营销，合适的发布频率是平衡吸引关注与避免打扰的艺术。发布频次建议控制在每天4～6条之间，这个频率既能保证有足够的曝光度，又不至于让好友感到厌烦。有效营销的关键在于内容的质量和发布的时间。应选择精心策划的内容进行分享，每条都带有独特的价值和深度，以此来展现专业性和对生活的热爱。错开发布时间，如早中晚各安排1—2条，能够最大化地触及在不同时间段活跃的用户，避免信息堆积造成的视觉疲劳。高质量的分享能够为营销者赢得好友的尊重和期待，他们会乐于接收信息，认为每次的分享都是精选的精华，值得期待，一旦建立起这样的期待感和信任度，营销内容在朋友圈的影响力自然水涨船高，营销的效果也会随之而显著提升。

（三）朋友圈风格

1. 输出价值

在微信朋友圈中分享内容的重点应放在提供实际价值上，而不是单纯进行个人展示。可以针对好友的兴趣和需求，如健身、健康减重、美容养生等，分享相关领域的专业知识和实用信息。这种做法以对好友的理解和对他们需求的关注为基础，展现了分享者的真诚和友好意图。

2. 形式多样，内容真实

（1）多媒体展示产品和服务。营销者可以通过朋友圈分享产品从生产到消费的全过程，包括制造、推广、发货，以及客户收货的实景图片和短视频。这种直观的展示方式可以提高内容的真实性，激发好友对产品的兴趣和信任。

（2）客户评价展示。消费者的购买决策往往受他人评价的影响。积极在朋友圈展示满意客户的正面反馈，可以有效提升潜在客户的信任度，增加产品的吸引力。

（3）团队风采和成就分享。通过朋友圈展示企业文化和团队成员的日常工作，以及营销成效和交易成功的实例，既可以展示企业的实力，也能让潜在客户和代理商对合作充满信心。

（4）生活分享增加亲和力。持续的营销推广可能会让人感到厌烦。因此，适当地分享个人的日常生活，如旅行、美食、朋友聚会等，可以使朋友圈内容更加丰富多彩，增加好友的参与度和互动，让人们感受到营销的人性化一面，并产生更多真实感。

（5）原创内容为王。在信息泛滥的时代，原创内容显得尤为珍贵。应确保朋友圈中的内容是独一无二的，无论是文字、图片还是视频，都能体现出个性和新鲜感。原创既能够展示个人或品牌的独特视角，还能有效避免内容同质化，吸引更多关注。

（四）朋友圈营销活动组织

1. 转发

（1）设计有趣的视觉元素。图文并茂的内容更容易吸引客户的注意力。选择与内容主题紧密相关且具有创意的图片或视频，可以增加内容的吸引力。有时候，一个具有趣味性的图片或是一个引人入胜的视频短片，就足以让内容在朋友圈中迅速传播。

（2）简化转发流程。要确保参与和转发的流程尽可能简单。营销者可以在文章末尾明确指示转发步骤，如"转发至朋友圈可参与抽奖"，这种直接的号召性用语可以有效提升用户的转发意愿。

（3）举办有奖转发活动。通过设置奖励激励用户参与转发。例如，营销者可以设立根据转发量和互动数（如点赞、评论）来评定的奖项，鼓励用户积极参与。在活动结束后，公布中奖名单并分享获奖者的体验心得，不仅增强了活动的透明度，还提升了品牌的信誉度。

（4）后续互动。在转发活动后，营销者要及时与参与者互动，感谢他们的参与，并邀请他们关注未来的活动。这种持续的互动能够深化用户与品牌的关系，为未来的营销活动打下坚实的基础。

2. 集赞

集赞活动通常需要用户将特定海报或内容分享至个人的朋友圈，并通过收集一定数量的"赞"来换取奖励。在这种营销策略中，相较于长篇文章，图文并茂的海报由于视觉冲击力更强，发布和传播起来更为方便，因此往往能够带来更好的粉丝增长效果。在进行集赞活动时，特别是在提供实物奖励的情况下，营销者需要精心设计活动细节，如限定参与人数、设置专门的审核流程以及严格控制成本，以确保活动的顺利进行。这类活动尤其适用于新店铺的开业促销或是提升线上品牌知名度等情况，能有效吸引目标客户群体的注意力，促进品牌的传播。

3. 试用

试用活动通常在产品初期推广阶段采用，目的是通过提供免费样品或体验机会吸引消费者的注意力和兴趣。通过赠送小额红包或是免费的试用装，企业能够有效地提升产品知名度，并让消费者亲身体会产品的优点，这对新品牌快速打入市场、建立品牌形象极为有利。实际上，试用活动也是一种有效的市场调研手段，可以直接从消费者那里获得宝贵的产品反馈信息。

4. 互动

朋友圈的互动，可以被看作一种微妙而有效的广告策略，每次互动不仅提升了用户的参与感，还能在用户心中留下深刻印象。具体的互动形式多样，包括以下几种。

（1）顺序互动。这种方式利用用户对点赞顺序的好奇心，根据点赞的先后顺序进行不同的回应或奖励，这样的未知性让参与者充满期待，增加了互动的趣味性。

（2）点名接龙。如冰桶挑战、微笑挑战等活动，通过点名的方式让互动形成链式反应，每个参与者都成为下一个活动的传递者，这种模式能迅速扩大活动的影响范围，提升活动的可见度。

（3）互动游戏。如猜成语游戏，可以通过轻松的游戏增进用户之间的互动，同时为朋友圈营销活动增加乐趣，提高用户的活跃度和参与度。

第四节　微信群营销

一、微信群营销的含义

在当今社交媒体盛行的时代，微信群已经成为人们建立联系、沟通交流的重要平台，并以私密性和亲密性著称。无论是朋友间的日常分享，还是商家与顾客之间的互动，微信群都在其中扮演着不可或缺的角色。微信群营销，即企业或个体商家通过加入或创建特定的微信群，利用这一社交网络的便利和互动性，进行品牌推广和产品销售的营销策略。简而言之，微信群营销便是在这些小而精的社群内部，以更为隐秘和亲近的方式，进行有效的市场推广。通过精准地定位目标客户群体，商家能够直接接触到潜在的消费者，并通过一系列互动和交流活动，将群内成员转化为忠实顾客。这样的微信群往往具有较高的活跃度和参与度，成员们因为共同的兴趣或需求而聚集，商家在这些群内进行的营销活动更容易受到成员的关注和响应。

企业或个人可以参与或创建与其品牌或产品相关的兴趣群组，如爱好摄影、热爱旅行、分享美食等主题群，这些群组里的成员质量较高，群体目的性强，一旦获得群成员的认可和信任，品牌传播和产品推介的效果将十分显著。在这一过程中，商家既能够实现产品的展示和推广，还能够收集到群成员的反馈和意见，进一步优化产品和服务，实现品牌与顾客之间的有效互动和深度绑定。

二、微信群营销的特点

（一）便于沟通，吸引客流

通过精心策划的微信群营销活动，商家能够打破传统与消费者沟通的壁垒，实现与顾客的即时、直接交流。这种无缝沟通的模式有助于商家及时捕捉到顾客的需求和偏好，还能深入洞察市场趋势和产品反馈，为产品的优化和服务的改进提供第一手数据支持。更重要的是，通过在微信群中与顾客建立起的信任基础，商家能够有效地将潜在客户转化为忠实购买者，进一步提升销售业绩。

在顾客已经建立起信任的情况下，任何营销信息和产品推广都将更加直接地触达目标群体，提高营销活动的转化率。相比之下，这种社交媒体平台上的互动营销方式，既能够激发顾客的购买欲望，还能通过口碑传播，吸引更多的潜在客户群，进一步扩大商家的市场影响力。

（二）便于创造营销场景

通过精心设计场景，商家能够在微信群内创造出一个生动、贴近消费者日常生活的情境，使产品的介绍和推广更加自然、更易于消费者接受。例如，建立一个以健康生活为主题的微信群，商家可以分享日常饮食调理、运动健身的小技巧，通过真实的体验故事和成效展示来引发群成员的共鸣。紧接着，商家可以巧妙地将自家产品融入这些生活化的内容中，如推荐特定的健身器材或是健康食品，并介绍其在健康生活中的作用和优势，这样既提高了产品的可信度，也更容易激发群成员的购买意愿。通过这种方式，商家在微信群内建立了专业且亲切的形象，也让产品自然而然地融入消费者的生活场景中，实现了销售的自然转化。

（三）便于互动，提升复购率

在微信群中，商家可以通过精心设计的互动环节和优惠策略，有效激发客户的购买欲望，提升复购率。例如，商家可以在特定节日或活动期间，为群内客户提供专属的优惠券或限时折扣，以此奖励忠实客户并达成更多的交易。商家还可以设置积分系统，让客户在每次购买后都能累积积分，达到一定积分可兑换礼品或享受更大的优惠。这种策略能增强客户对品牌的忠诚度，还能促进客户之间的口碑传播，吸引更多新客户的关注。

三、微信群的建立

（一）微信群名称

微信群的命名艺术在于如何巧妙地捕捉到群组的核心特征和成员的共同兴趣点，使群名既具有辨识度，还能够吸引目标成员的加入。首先，从群组的灵魂人物或核心产品出发来命名是一种常见策略，例如，以创始人的名字或是群组讨论的主要产品来命名，如"张三的品茶小集"或"足球爱好者联盟"，这种方法直观明了，能快速传达群组的主要内容和精神。其次，根据目标成员的兴趣爱好或共同追求的生活理念来命名，能够更加贴近成员的内心世界，如"晨跑达人俱乐部"或"慢生活的诗意追求"，这样的群名既揭示了群组的活动内容，也能传递出一种生活态度或价值观念。最后，混合命名法则结合了以上两种方式，将群组的灵魂人物和成员共同的兴趣或目标结合起来，如"李四的创业交流平台"或"健康饮食爱好者讨论组"，既体现了群组的个性化特征，也能够明确群组的讨论主题和目标。

（二）微信口号

口号就像一盏明灯，指引着交流的方向和主题。"无论何时相遇，爱始终伴随左右"便是一句简洁而充满力量的口号，既传达了时间和空间无法阻挡相遇的美好，还温暖地提醒人们，在这个快节奏的社交平台上，爱与支持永远是最宝贵的陪伴，这样的口号，犹如一道光，可以照亮每一个用户的微信旅程，让人在浏览朋友圈、互动交流时感受到一份温馨与力量。

（三）视觉设计

视觉设计是群成员首次接触到群组时产生的直观印象，也是传达群文化和主题的重要手段。一个精心设计的头像和背景能够立刻吸引人们的注意力，并给群营造一个独有的氛围。因此，选择一个辨识度高、与群主题紧密相关的图像作为群头像，以及一个能够反映群性质和氛围的背景图，对塑造群的独特性至关重要。这些视觉元素应当能够概括群的主旨，也能易于成员理解，令其感受到群的专业性并产生归属感。

四、微信群的指标体系

要想高效经营微信群，就需要建立一套完整的、科学的指标体系，这一体系通常可分为五个方向的内容，如图 4-2 所示。

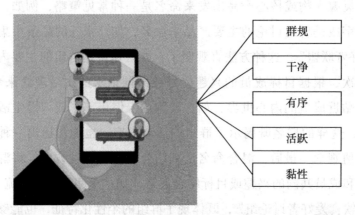

群规

干净

有序

活跃

黏性

图 4-2　微信群的指标体系

（一）群规

在微信群建设的初期阶段，制订引入成员的规则关系到群的质量和活跃度，也是塑造群文化的基石。制订引入规则的核心目的在于保证群成员的质量和相关性，以便构建一个和谐、有序的交流环境。以下是对引入规则的进一步阐述和优化策略。

1.引入规则

（1）群主邀请制。群主作为群的创建者和主导者，拥有直接邀请成员加入的权力。这种方法的优势在于可以精准筛选成员，确保每一位加入的成员都与群的主题和目的相契合，并保障了群成员的隐私安全。为了提高效率，群主可以设立简单的加群审核流程，如通过简短的交谈或查看个人公开资料决定是否邀请。

（2）朋友推荐制。通过现有群成员推荐新成员加入的方式，是以现有成员对新成员的了解和信任为基础的，能有效增强群内成员的社交联系和互信。为了控制群的质量，管理者可以要求推荐人对被推荐人进行简单的背景介绍，确保其与群的主题相符合。

（3）活动引入法。在举办公开活动、进行产品推广或其他相关活动时，管理者可以通过活动现场提供群二维码让感兴趣的参与者自行扫码加入。这种方式可以有效吸引对群主题或活动内容感兴趣的潜在成员，但需注意定期清理活动过后不再活跃的成员，保持群的活跃度。

（4）申请加入方式。这种方法适用于人数较多的大群，需要填写相关资料申请加入。可以通过设置特定问题或要求填写个人简介等方式，筛选符合群主题或有共同兴趣爱好的成员，并同时增加群的专业性和凝聚力。

2.入群规则

（1）群命名与视觉统一化。群命名应遵循一致性原则，以方便识别和记忆。例如，命名群组时，管理者可以采用"业界精英—地区—编号"或"兴趣小组—主题—编号"的形式，使群的属性和归属关系一目了然。视觉统一化还体现在公告应明确群规、活动信息等方面，确保每位新成员入群时都能第一时间了解到这些基本信息。

（2）明确入群须知。制订详细的入群须知，包括群的宗旨、预期行为以及禁止行为等，并通过群公告或群文件的形式告知每位成员。例如，鼓励成员分享行业动态、个人经验，而禁止任何形式的广告推销和不文明言论。入群须知中应明确对新成员的具体要求，如是否需要修改昵称以符合群内统一命名规则，是否鼓励上传真实头像等，以增强群成员间的信任感和归属感。

（3）自我介绍的重要性。鼓励新成员入群后进行简短的自我介绍，可以是按照既定格式，也可以是自由形式，关键在于让其他成员快速了解新成员，促进交流和互动。对新成员的自我介绍，群内成员应给予积极响应，如发送欢迎表情、文字回复等，以展现群内的友好和热情。适时发放红包也是一个不错的迎新方式，能够增加群内的活跃度和凝聚力。

3. 交流规则

（1）实名与专业化。成员加入群时需采用实名编号制度，确保每位成员的身份清晰可辨。此外，要求成员的头像使用真实照片，昵称使用真实姓名，这既方便成员互相认识，也增加了群聊的专业性与真实性。

（2）尊重与理性交流。群内可以鼓励成员积极交流，但在交流过程中群成员需学会聆听，不在他人表达观点时随意打断或评论。对不同意见，群成员应以理性的态度提出疑问，并附上合理的理由，严禁任何形式的人身攻击或言语侮辱，以保持群聊的良好氛围。

（3）维护群聊纯净度。为了保持群聊的专业性和纯净度，成员入群后无须过度客套地打招呼。同时，管理者可以明确告知每位成员，除非与群主题相关，否则不得在群内发布任何非主题相关的链接、广告或软文，以避免信息杂乱无章。

（4）发布信息的规范。未经群主或管理员明确允许，任何成员不得在群内发布广告、推销信息或任何形式的软文。这样的规定能够保护群聊的专业性和成员的权益，避免群聊被广告信息淹没。

4. 分享规则

每次分享应围绕一个明确的主题而进行，无论是技能提升、经验交流还是情感分享，都应事先规划好，避免内容杂乱无章。为保证每位成员都有机会表达自己，可以实施轮流分享制度，群主或管理员可提前安排分享日程，轮流让群成员上场，这样既保证了内容的多样性，也增强了群成员之间的互动性。在分享开始前，群主或管理员应明确告知所有群成员分享的规则和预期目标，确保大家在了解规则的基础上参与，提高分享的质量和效率。

5.淘汰规则

（1）固定成员上限制。设定群成员的最大数量，一旦达到上限，在新成员想要加入时，群主或管理员需要按照活跃度或其他标准淘汰最不活跃的成员。这种方式既可以保持群的专注度和专业性，又能保证信息的高效传递。

（2）积分系统淘汰机制。群主或管理员可以设立群内小任务、日常互动等，为成员设定积分系统。根据每位成员的积分高低进行周期性的评估，积分较低者将被视为不活跃成员并予以淘汰，以此激励成员积极参与群内活动，增强群的活力和凝聚力。

（3）成果导向淘汰法。这种管理策略特别适合学习、研究型微信群。群主或管理员明确加群目标，如完成特定学习课程、达到一定的业绩目标等，未能达到预设目标的成员将被淘汰，以确保群成员的质量和群体目标的达成。这种方法尤其适合目标明确、追求高效的专业群体。

（二）干净

微信群的维护是一项细致且持续的工作，旨在营造一个清新、健康、有序的交流环境。群主和管理员扮演着至关重要的角色，他们需要时刻保持警觉，确保群内信息的清晰与纯净。具体而言，需要做到以下几点。

1.信息及时更新与回应

群主和管理员除要主动发布最新、相关的信息外，还需要对成员的提问或反馈迅速作出反应。当成员发现自己的问题可以得到快速且有效的解答时，他们就更愿意在群内积极互动了，而这样的环境也更容易吸引新成员的加入。

2.清理无关信息

无关紧要的信息、重复内容或违反群规的消息，都会对群内的交流产生负面影响，导致成员感到厌烦，甚至退出群聊。通过积极监控群消息并及时清理这些信息，群主和管理员可以为成员创造一个更加清新、有序的交流环境，保证群内信息的质量和相关性。

3. 监控成员反馈

监控成员反馈是群管理智能化的体现。通过观察和分析成员对信息的响应，管理员能洞察到成员的真实需求，还能发现潜在的改进空间，这一过程的关键在于采用开放的心态接纳各种反馈，无论是正面的还是负面的都应视为提升群体凝聚力的机会。管理员还应主动与成员沟通，深入探讨其反馈背后的原因，制订出更加人性化、贴近成员需求的群管理策略。

4. 处理特殊情况

处理特殊情况要求群主和管理员具备敏锐的观察能力，并能实施高效的应对策略。无论是处理争执、应对不当言论还是解决成员间的误解，都需迅速而谨慎地采取措施，以避免情况恶化。这不仅涉及即时的干预，如警告、删除不实内容，甚至暂时或永久移除成员，还包括对事件的深入分析，以防止类似问题再次发生。在处理过程中，应保持透明度和公正性，确保所有成员都能感受到管理的公平与专业性。

（三）有序

要实现微信群的有序管理，关键在于制订和执行定时、定点发布信息的规则，这样可以帮助群成员培养出按时阅读的好习惯。通过在设定好的时间以固定的频率来分享信息和资料，群成员可以预测到何时会有新内容，进而形成固定的阅读和互动模式。这种规律性有助于提高群内的信息传递效率，并提高成员之间的互动质量。

（四）活跃

为确保微信群充满活力，避免成员沉默寡言转变为群内"潜水员"，群管理者需采取多种措施提高成员参与度，打造活跃且充满活力的群聊氛围。具体方法如下。

1. 主题讨论

主题讨论的设定一方面是为了增强微信群的活跃度，另一方面还是一种管理策略，通过精心挑选与成员兴趣相关的话题，创造一个共享和交流的空间。例如，"朋友圈购物经历分享"这一主题，紧贴当前社交电商的热点，易于激发群成员的共鸣，引发广泛讨论。设定讨论时间可以让成员有所预期，准备充分，使讨论更加深入和有针对性。

2. 成果归纳

成果归纳是微信群活动闭环的重要一环，对讨论或活动成果进行整理与分享，既可以提升群成员的参与感，还能强化他们的归属感。这种做法可以让所有成员，无论是否参与当次讨论，都能感受到群体智慧的力量，进而增加他们对群组价值的认可。成果归纳还有助于知识的积累和传播，使群成为交流的平台和学习成长的社区。明确展示讨论的精彩观点和成果，可以激发更多成员在未来活动中的积极性，形成良性循环，不断提升群体的凝聚力和活跃度。

3. 红包与福利

适时在群内发放红包或其他形式的福利，既可以作为新成员的欢迎礼，也可以用于活跃气氛、奖励积极参与讨论的成员。发放红包时需考虑其目的、数量、发放时机及激励机制的设计，以确保其能有效提升群活跃度。

4. 特色表情包

特色表情包在微信群中起到的作用远远超过简单的沟通工具，它们是群文化的一部分，能够反映群的特色和成员之间共有的笑点或内涵。当群主或成员制作并分享一些独一无二的表情包时，它们就成了群内沟通的专属密码，增加了群聊的趣味性和亲密度。每一个表情包背后都可能藏着一个故事，一个笑话，或是一个群里的经典瞬间，使成员每次使用都能唤起共鸣或激活某段记忆，强化了群成员的归属感。特色表情包的使用也是对群文化的一种传承和弘扬，能让新成员快速融入群体，感受到群聊的独特氛围和温度。

（五）黏性

首先，群管理员可以通过定期汇总并整理群内的有价值信息，帮助成员捕捉到自己可能错过的精华内容，这种信息的再次分享增加了信息的可见度，也提升了群的实用性和成员的满意度。其次，定期举办专为社群设计的活动，能有效聚集人气，增强成员间的互动和参与感，这些活动应具有创新性和吸引力，能够激发成员的兴趣和热情，促使他们积极参与。最后，对活动内容及时进行文字记录和方案总结，既可以为未来的活动提供参考和启示，还能让未能参加活动的成员感受到活动的氛围，进一步增强他们对群的认同感和归属感。这三种做法共同作用，能够有效提升群的黏性，使群成为一个有凝聚力、活力和价值的社群。

第五章 微博营销：扩大影响力

第一节 微博营销概述

一、微博营销的内涵

微博营销，是借助微博这一社交媒体平台进行的一系列营销活动。它以微博用户为中心，通过精准的内容发布和互动交流，向潜在顾客展示企业或个人品牌的价值。在这个过程中，每位微博用户都被视为一个潜在的市场参与者。微博营销的关键在于创造有吸引力的内容和有效的互动机制，并以此来加深用户对品牌的认知，塑造积极的品牌形象，最终达到提升品牌影响力和市场竞争力的目的。

二、微博营销的分类

（一）个人微博营销

对众多公众人物来说，微博营销是一种借助个人影响力来扩大关注度和影响力的有效手段。无论是娱乐圈的明星、商界的领袖，还是各行各业的成功人士，都能通过微博这一平台，向外界展示自己的生活状态、价值观念以及工作成果。对他们而言，微博更多地用来表达情感和塑造个人品牌，而非直接的商业宣传。他们的微博内容往往能激发粉丝的共鸣，进而通过粉丝的自发分享和转发，间接达到营销效果。

（二）企业微博营销

企业通过微博进行营销的核心目的在于提升品牌知名度并最终促进销售。面对微博这一快速更迭、有海量信息的平台，企业面临的挑战尤为突出，相比个人，企业的微博营销需要更加注重策略和持续性的互动，以吸引并维护消费者。为此，企业既要定期发布有关产品的动态，还要通过创造性的内容设计吸引目标客户群体的注意力。企业需通过与粉丝的积极互动，如回复评论、举办线上活动等方式，建立和巩固与消费者之间的联系。

（三）行业咨询微博营销

行业资讯型的微博营销能够通过分享最新的行业动态、深度分析报告以及前沿技术趋势等内容，吸引并聚集特定行业内的目标受众，这类微博账号是用户获取行业新知的重要渠道，类似于数字时代的行业杂志。为了提升营销效果，运营者需精心策划内容，确保信息的时效性和准确性，并通过深度解读和专业评论，增加内容的附加值，提高用户的黏性和互动率。此外，积极利用微博的传播特性，如话题讨论、互动问答等，可以进一步扩大行业资讯微博的影响力，为品牌建立权威性形象，提升营销价值。

三、微博营销的理论基础

（一）关系营销

关系营销将企业与客户之间的交往提升到了一个新的层次，不只是单向的信息传递，而是双向的情感交流和价值共创。通过微博，企业可以直接与消费者进行对话，了解他们的需求和反馈，及时调整产品和服务，构建起一种基于信任和理解的长期关系。微博的社交属性为企业提供了与用户互动的渠道，媒体属性则使企业信息的传播更加迅速广泛。微博作为一个开放的平台，能够使企业既与用户建立联系，还与供应商、分销商，甚至是竞争对手进行有效的沟通，共同推动行业的发展。微博强大的数据分析功能则使企业能够更准确地把握市场动态，优化营销策略，最终实现用户满意度的提升和用户基础的扩大。

（二）内容营销

在微博这样一个信息更新迅速、用户互动频繁的平台上，吸引用户的目光是营销的首要任务。在内容为王的新媒体时代，只有高质量、具有吸引力的内容才能在众多信息中脱颖而出，吸引并留住用户的注意力。通常当消费者对一个品牌的故事产生共鸣时，他们未来购买该品牌产品的可能性就会大大增加，所以企业需要在内容营销中注入情感因素，讲述引人入胜的品牌故事，以情感连接消费者，使企业在竞争激烈的市场中独树一帜。

在当前用户对传统营销手法日渐产生抵触情绪的背景下，企业更需要在内容营销中寻找创新。将娱乐元素融入营销内容中，利用用户对娱乐资讯的自然兴趣，以轻松愉悦的方式向他们传达品牌信息的营销方式更容易被用户接受和传播。需要注意的是，内容的原创性也至关重要，原创的、有创意的内容能更好地吸引用户注意，还能在用户心目中建立起品牌的独特形象。

（三）精准营销

这种营销方式依托先进的信息技术，可以通过对用户群体进行细致的划分和精确的定位，建立起一套既个性化又高效的用户沟通与服务体系，为企业带来可度量、成本低廉而回报高效的市场扩张路径。精准营销的优势在于它的精确度和营销效果的可衡量性，它要求企业在营销沟通中更加注重结果导向和行动计划的实施，还强调直接进行销售沟通的重要性和投资价值。精准营销的核心在于利用微博平台的大数据能力，对用户行为进行深入的分析和理解，以更有效地进行舆情监控、口碑管理、用户沟通和关系维护，最终实现企业营销目标的精确达成。

（四）整合营销

整合营销策略强调通过系统性地结合和协调企业的各种营销资源和手段，实现营销活动的效果最大化。这种策略不仅仅是将广告、直接营销、销售促进等传统营销工具进行有效的组合，更是在此基础上，紧跟市场环境的变化，进行实时的策略调整和优化，以确保营销活动能够在不同环境下持续产生价值。在整合营销的实施过程中，微博作为一个强大的社交媒体平台，其独特的互动性和传播速度无疑为企业提供了新的机遇。然而，要充分发挥微博在整合营销中的作用，企业需要将其与其他营销渠道，如电视广告、报纸、微信等进行有效的整合，通过跨平台的营销手段，确保信息的一致性和连贯性。

四、微博营销的模式

（一）明星模式

在微博平台上，明星作为一特殊群体，凭借其庞大的追随者基础和出色的话题带动能力，成为微博营销的中心，也正因如此，众多企业愿意支付高昂的费用，聘请明星作为产品或品牌代言人，以便利用其影响力进行营销。微博营销可以利用这些拥有众多粉丝的明星，充分发挥其低成本、快速投放、精准定位目标受众的优势，使企业的广告和信息在短时间内广泛传播，达到营销目的。

（二）网红模式

在当今社交媒体和视频直播平台迅速崛起的背景下，"网红"成了新媒体营销的一个重要现象，其中网红经济更是成了一种全新的商业模式。那些具有大量粉丝的网红，利用其在新浪微博等平台的强大影响力，发布各种形式的广告内容，将自己的高人气转化为可观的商业价值。通过微博这一平台，网红能够将其庞大的粉丝群体有效引导至商家的电商平台或其他相关链接，实现流量的有效转换。这为网红本人带来了丰厚的收益，也为合作的商家提供了巨大的商业机会。网红模式展现了个人影响力在新媒体时代的巨大潜力，尤其是既有创意又能与粉丝建立良好互动关系的网红，其推广效果往往超出预期，为网红经济注入了新的活力。

（三）网络"大V"模式

微博平台，作为中国最具影响力的社交媒体之一，汇聚了亿万用户，每日产生的阅读和互动量是惊人的。在这个庞大的网络社区中，无数企业和个人想要利用其广泛的覆盖面实现品牌的快速崛起，通过实施各种策略，如制造热点、内容包装、冲击热搜等手段，不遗余力地追求曝光。然而，在微博的繁华背后，存在着一群具有强大影响力的特殊群体——微博"大V"。微博"大V"，指的是那些拥有数百万，甚至更多粉丝的微博用户，他们中既有娱乐圈的明星、知名公众人物，也有商界领袖、幽默的段子手，乃至自媒体人士和草根达人等。这些"大V"以其独到的见解、前瞻性的洞察力和强大的粉丝动员能力，在微博社区中占据着举足轻重的地位。他们的每一条微博动态都能迅速引发广泛的关注和讨论，成为引领舆论风向的关键力量。

对那些希望在微博上迅速提升知名度和影响力的企业而言，理解和学习这些"大V"的发展路径和内容策略显得尤为重要。通过深入分析这些领军人物的内容选择、互动方式以及粉丝管理策略，企业可以揭示出成功吸引公众注意力的方法论，进而借鉴这些策略，寻找到适合自身发展的营销之道。

（四）媒体模式

在数字时代，新媒体以其独特的互动性质，彻底改变了信息传播的格局。与传统媒体单向传播的模式形成鲜明对比，新媒体平台，尤其是微博，为用户提供了一个双向沟通的空间，让用户不只是信息的接收者，更是信息的贡献者和评论者。这种双向互动增加了信息传播的广度和深度，并且在很多情况下，用户的反馈和互动甚至能够影响事件的进展和结果。

微博的移动端应用进一步增强了新媒体的传播优势，让信息发布和获取变得更为便捷。无论是在何时何地，人们都能通过手机轻松地访问和分享各种信息。与此同时，微博平台支持多种媒体内容形式，包括文本、音频、图片、视频，以及直播等，极大丰富了信息的表现形式，满足了用户多样化的信息消费需求。特别是网络视频中的弹幕功能，为传统媒体带来了全新的互动体验，这一创新可以为内容创造者提供灵感，激发无限的创意，并且能在很大程度上增强观众的参与感，有效吸引更多用户的关注，推动媒体平台的快速发展。

（五）自媒体模式

相较于其他自媒体形式，如博客或微信公众号，微博的显著特点在于其内容的简短与精练：一个微博仅限 140 字，这给那些可能不善于长篇幅写作的创作者提供了一个极为便捷的表达平台。构建和维护一个成功的微博自媒体账号，主要涉及两个方面：明确定位、高质量内容。微博自媒体的成功建立在精准定位的基础上，任何营销活动的成功都始于准确的定位，这既要求所发布的内容能够触及目标受众的实际需求，还需确保该内容与其他相似微博账号相比具有独特性和新颖性。此外，内容的持续供应是另一个考量因素，即要保证能够源源不断地提供与定位相符的内容。

（六）专家模式

在微博平台上还有不同行业的专家，他们不仅分享专业知识、见解，还通过这种互动方式获得了前所未有的关注度和影响力。微博的多样化功能，如用户打赏、专栏付费订阅、合作广告等，为这些专家提供了丰富的收益模式，使他们的专业技能可以转化为实际收入。这些专业人士借助微博平台的广泛覆盖和高度互动性，成功构建了自己的专家形象，并实现了知识的价值转换。

（七）微商模式

结合微博橱窗和淘宝直联，商家发现了一条能有效连接商品与潜在客户的直接通道，这一合作让社会化电商的概念得以扩展，也为电商领域注入了新的活力。尽管微信平台对电商领域构成了一定的竞争压力，但许多商家选择在多个平台同时发力，以达到最广泛的市场覆盖。

微博的互动性和传播性使其成为众多电商推广新品和爆款产品的首选平台，虽然转发抽奖等活动形式似乎已经成为常规操作，但它们依然能够吸引大量的参与者，这显示出微博平台在促进用户参与度方面的强大能力。借助大数据技术，微博能够根据用户的浏览和搜索习惯进行个性化推荐，这极大提高了营销活动的精准度和效果，为商家带来了更多的商机和客户服务机会，进一步推动了品牌传播和产品销售。

第二节　搭建企业"微"平台

一、正确定位

开设企业官方微博，首要任务便是确立其独特定位，企业定位包括品牌形象、价值观及其所要传达的信息等内容。明确企业微博号的定位和发展方向是微博营销成功的关键，这种明确性能确保团队目标的一致性，进而有效地构建起一个围绕企业新闻发布、产品推广及文化展示的互动交流平台。

在微博这个信息流动迅速的平台上，所发布的内容都充满了生命力——它们可以是具有情绪色彩的表达，可以是引发公众讨论的观点，抑或激发情感共鸣的故事。因此，企业在微博上的呈现应该如同一个具有鲜明个性的人一样，亲切且讨人喜欢。一个清晰且吸引人的品牌虚拟形象对微博营销的成功至关重要，一旦形象定位明确且具备一致性，企业的微博管理便走在了成功的道路上。许多企业在管理官方微博时显得风格多变，今天自称"宝宝"，明日又变作"专家"，这种不一致的形象展示使粉丝难以形成稳定的期待。品牌形象的定位应基于商业目标和市场传播需求来设计。

在微博的世界里，每一个粉丝都是潜在的客户，他们偏爱与"人"而非无生命的账号或工具进行互动和沟通。因此，企业微博的人格化建设必须与企业的品牌战略形象紧密相连，要避免随意塑造或盲目模仿他人。这种品牌个性化的策略能够有效吸引用户的注意力，并促使他们关注、认可企业的官方微博。

企业官方微博的核心功能主要包括五个方面：即时发布企业相关信息、与目标消费者建立情感连接、提供前线客户服务、进行舆情监控，以及应对公关危机。这五项功能本质上可以归纳为两个大类：一是作为信息发布的媒体平台，二是作为与消费者进行互动沟通的桥梁。为了有效发挥企业官微的多元功能，采用分账号协同运营的策略极为关键。企业可以设立两个微博账号：其中一个专注于媒体发布职能，承担发布公司重大新闻、声明等职责，其语言风格更趋于正式和标准化；另一个则侧重于粉丝互动，作为粉丝团或客服账号，主要负责组织有趣的营销活动，发布促销打折、新品预告等信息，目的在于增强与粉丝的互动，提高品牌忠诚度并推动销量。这个账号的沟通风格可以更加人性化，更接近于一个朋友。这样的运营分工可以解决官微面对不同目标群体时身份的问题：一方面，信息发布账号主要面向行业媒体、竞争对手及投资者，这些群体关注的是企业的发展动态和行业地位；另一方面，粉丝互动账号则直接面向最终的消费者，其关注点在于产品体验和品牌情感。

二、进行高效的内容搭建

（一）树立品牌形象

在微博上塑造企业品牌形象不只是发布产品广告那么简单，粉丝们在考虑购买之前，往往会通过企业发布的内容来深入了解产品。他们更倾向于从微博的内容风格、表达方式中感受企业的品牌气质，这些都直接关系着企业品牌的形象定位。但是，许多用户对企业直接的广告宣传持反感态度，因此，企业需要在微博文案的撰写和图片选择上花费更多心思，例如，戴瑞珠宝始终坚持传递浪漫真爱的文化理念，将珠宝艺术与企业文化相结合，并精心设计图片与内容向粉丝传递品牌价值。

（二）内容有价值

绝大多数粉丝关注企业微博，是出于对行业知识的求知欲或是对特定利益的追求。例如，一个专注于健康生活的企业微博，定期发布如何健康饮食、科学锻炼的专业建议的话，既能够吸引对健康生活感兴趣的用户，还能帮助粉丝解决实际问题，进而增加粉丝对企业微博的黏性。

（三）内容的相关性

在运用微博进行品牌营销时，每条微博都应当像是一次有意义的对话，既非随意的闲聊，也非空洞的言语。关键在于，发布的内容必须紧密围绕品牌、产品、公司文化及行业趋势等核心要素展开。偏离了这些核心，即使内容被广泛转发，其对品牌营销的实质性帮助也将大打折扣。更为重要的是，微博内容的设计既要贴近企业的身份和立场，还应深入挖掘用户的真实需求和兴趣点，寻找企业所要传达之信息与用户期待听闻之内容的完美契合点。

（四）内容比例

制订微博内容的发布策略要细致入微，确保内容的多样性和精准度。例如，一个企业可能会做出规划，使其微博内容中 70% 为行业相关资讯，20% 为企业文化和内部新闻，10% 为互动性强的话题或活动。通过仔细分析粉丝的兴趣点，企业可以将热门话题巧妙地与自己的产品或服务结合起来，提升内容的吸引力。例如，如果粉丝对健康生活特别感兴趣，企业就可以发布与健康生活相关的行业资讯，并介绍自己的相关产品或服务，以提高粉丝的参与度和品牌认知度。

三、利用官微开展平台活动

平台活动多种多样，不同的企业可以结合自身运营的目的有选择性地开展活动。本节以活动的目的为依据，将企业微博活动划分为以下几种，如表 5-1 所示。

表 5-1　企业微博活动形式

活动目的	活动形式
吸引新粉丝	有奖转发、幸运转盘、砸金蛋等
回馈老用户	定期竞猜类活动（例如＃每日一问＃）
宣传口碑	征集类活动（例如晒照片得奖活动）
带动网站流量	特权秒杀、优惠抢购
产品调研	调查问卷、评选类活动

不同的活动形式，有着不同的特点，所对应的网友参与方式和抽奖方式也有所不同，下面对不同活动形式进行比较，如表 5-2 所示。

表5-2　不同微博活动方式比较

活动方式	网友参与方式	抽奖方式	特点
砸金蛋/大转盘	鼠标选择金蛋砸开（或鼠标点击转盘开始转动）即可参与，门槛低	企业无法设定抽奖规则和中奖规则，网友是否中奖是根据企业设计的中奖率随机抽取的	即时开奖，参与门槛低，参与度高；企业可以设置关注企业微博后才可以参与，利于增加粉丝数
有奖转发	网友必须转发企业提供的相关内容才可以参加活动，门槛较低，一个网友可以转发一次	无法设置游戏规则和中奖规则；为了保证网友参与的热情，互动时间不宜太长，在结束时抽奖	可设定关注企业微博后才能转发；转发分享的内容可吸引更多网友参与，引起二次传播
其他有奖	可以根据企业设定的规则对参与方式进行设计，相对灵活	企业可以看到参与用户名单，进行抽奖；活动形式和抽奖方式更灵活；可设置参与门槛	无法设定用户必须关注企业微博才可参与；活动形式与抽奖方式较为灵活；可设置参与活动的门槛
同城活动	点击"我感兴趣""我要参与"	无抽奖功能	同城活动便于线上交流、线下体验

对企业而言，在借助微博营销时还应当注意以下事项。

（一）规则简单

为了确保活动能够有效吸引用户参与并提升品牌的曝光度，企业在设计官方微博活动时应采取简洁明了的规则，这种简化的方法能够减轻用户参与的心理负担，还能够迅速传播信息，扩大活动的影响范围。具体而言，活动规则应该简洁到能在100字以内清楚阐述活动的主要内容和参与方式，可以通过精心设计的插图辅助说明。这样的插图除需要具备视觉上的吸引力外，还要保证信息的清晰度，并注意图片尺寸不宜过大，以便被快速加载和分享。

（二）奖品激励

为了激发用户的参与热情，奖品必须具备足够的吸引力，还要能在一定程度上反映企业的品牌形象。奖品的选择大致可分为两大类。

第一，印有企业 LOGO 的纪念品，这类奖品既能作为用户参与活动的纪念，同时具有一定的品牌宣传效果。为了增加这类奖品的吸引力，企业需要在设计上下功夫，创造出既实用又具有一定设计感的纪念品，如定制 U 盘、环保水杯、创意笔记本等，这些都是成本相对较低但又能有效提升用户对品牌忠诚度的选择。

第二，提供现金红包或者企业的产品作为奖品，这种直接的经济激励更容易激发广大粉丝的传播热情。例如，规定参与微博转发活动并 @ 好友可以获得一定金额的红包，或者赠送企业的新品试用机会等，这类奖品不仅能够直接满足用户的需求，还能有效增加品牌的曝光率和用户的参与度。

（三）多渠道传播

内部渠道的运用是活动在初期能吸引到参与者的基础。这一策略主要依赖企业内部员工及其个人社交圈的力量。企业应鼓励员工参与微博活动并将之分享至个人微博，并邀请他们的家人、朋友加入，形成一种由内而外的传播动力。这种方法能够迅速聚集起一定的参与人群，还能在一定程度上增强活动的可信度和亲和力，为后续"马太效应"（一种常见的社会心理现象，即优势往往会产生更多的优势）的产生打下坚实基础。人们天生对人多的场所感兴趣，一旦活动初期能聚集足够的人气，就更容易吸引更多外部参与者的注意。

外部渠道的运用则是实现活动跨界传播的有效手段。企业可以提前与微博上的意见领袖、知名博主或其他有影响力的账号合作，通过他们的转发和推荐，将活动信息迅速传播至更广泛的受众。利用外部渠道进行宣传时，要确保与活动主题和企业形象相符，在保证传播效果的同时，维护企业品牌的一致性和专业性。

第三节 提升品牌塑造企业"微"形象

一、微博的传播途径

微博作为当下流行的新媒体平台，其信息传播方式如同蒲公英随风飘散一般，轻轻一吹，信息便迅速扩散开来。这种"蒲公英式"的传播模式的特征使信息传播速度有一个从缓慢到突然爆发的过程。用户持续转发积累，一旦触及某个临界点，便能实现指数级的传播效果。对企业而言，把握微博的这一传播特性，就能有效地扩大品牌影响力，提升产品知名度。

（一）开展丰富多样的活动

企业通过策划和实施各类线上线下活动，以及采用广告推广等手段，能够在短时间内聚集大量粉丝，构建起与潜在客户之间的初步联系。这种方式虽然成本较高，但能迅速提升企业在微博上的可见度，为后续的深度传播奠定基础。不同类型的粉丝，包括潜在客户和现有客户，对企业信息的再传播，有助于实现信息的二次扩散，进而吸引更广泛的受众群体。

（二）发布高价值的行业知识

企业通过发布与行业相关的高价值内容，能够引发用户对话题的广泛讨论和转发，这既增加了企业微博的活跃度，也有助于聚集与企业产品或服务高度相关的目标客户群体。发布有深度的行业分析、前沿的技术动态等内容，能够显示企业的专业性和行业领导地位，吸引那些对此类信息有深度需求的用户。这种策略虽然需要企业在内容创作上投入更多的精力和资源，但长期来看，却能为企业精准吸引更为忠实的客户群体。

二、微博传播的因素

（一）内容定位是微博传播的前提

微博营销的成功起步于精准的内容定位，这一步骤是吸引并维系目标受众注意力的关键。有效的内容定位既需要紧密结合企业的品牌形象和价值观，还要考虑到产品的市场推广阶段，以确保信息发布与产品生命周期的同步。此外，对目标群体的深入研究至关重要，包括他们的兴趣偏好，以及他们的消费习惯和社交媒体使用习惯等方面。

（二）关注是微博传播的根基

在微博营销的海洋里，被关注是企业传播信息的基石，重要的不只是关注的数量，更是关注者的质量，特别是那些能够直接影响或参与产品销售过程的目标群体的比例。高质量的粉丝群体，即那些与企业目标市场紧密相连的粉丝，是企业在微博营销中需要争取的核心群体。

粉丝质量的衡量可以从三个维度进行评估：一是粉丝的数量，尽管数量并不是唯一的衡量标准，但粉丝数目的多少直接关系着微博内容的传播范围。一个拥有大量粉丝的微博账号能够让信息更广泛地传播，触及更多潜在的客户。二是粉丝的活跃度，活跃度高的粉丝群体既会频繁互动，更能通过评论、转发等形式，扩大企业信息的传播效果。通过深入分析这部分用户的兴趣点，企业能够更精准地制订营销策略，挖掘出更多与产品或服务相关的营销机会。三是粉丝在线时间的长短，即便粉丝活跃度高，如果其在线时间短暂，同样难以充分发挥微博信息的互动和传播潜力。

（三）互动是微博传播的引擎

互动性是微博营销的核心驱动力。在微博这个广阔的平台上，企业的官方微博不只是信息发布的窗口，更是企业与消费者直接对话的桥梁。

通过有效的互动，企业可以将自身塑造成有血有肉的"个体"，让消费者感受到企业的亲近感和温度，进而在心理上拉近彼此的距离。这种互动不只是简单的回复，还包括对用户反馈的积极响应和情感共鸣，以使每一次交流都能成为加深用户对品牌认知的契机。

在开展微博互动时，企业需要注意几个关键点。第一，双向沟通是基础。企业官微不应仅仅作为信息的单向传播者，而应成为与用户双向沟通的活跃参与者。这意味着，对用户的评论、提问和反馈，企业都应给予及时且有效的回应。第二，倾听与分析。在互动过程中，企业既要表达自己的观点，还要学会倾听，通过分析用户的互动动态，更深入地了解消费者的情感需求和诉求方向，进而调整自己的营销策略和产品设计。第三，积极处理负面评论。这是维护企业形象的关键面对负面反馈时，企业应保持开放的态度，主动解决问题，并通过愉悦对话的方式，转危为机。

（四）转发是微博传播的核心

企业通过发布有吸引力的营销内容，激励粉丝主动转发，可以迅速扩大品牌信息的影响力。为了有效提升转发率，企业需要巧妙地设计转发机制，如通过设置转发抽奖、限时转发获取优惠等激励措施，激发粉丝的参与热情。此外，发布具有情感共鸣或者具有价值的内容也更容易被用户转发，有助于实现微博信息的裂变式传播。

三、借势热点事件

在当今信息爆炸的时代，热点事件成了企业营销的重要抓手。无论是可预见的节日庆典、文娱活动，还是突如其来的社会新闻和公共事件，都蕴含着巨大的营销潜力。借势于热点营销，需要企业具备敏锐的市场洞察力和高效的内容创作能力，下面是实施借势热点营销的详细步骤。

第一，内容创作。这是借势营销的核心环节，根据热点的性质，内容创作可以分为"跟风型"和"升华型"两种形态。跟风型营销指通过模仿热点事件中的具体形式或场景，利用公众对该事件的熟悉程度，快速吸引目标受众的注意力，例如，通过模仿某个热门电影场景的方式展示产品的营销策略。而升华型营销则是在热点事件的基础上进行创意延伸，通过二次创作让热点元素与企业产品或品牌深度融合，创作出更有深度的内容，以此引发受众的共鸣，达到更长远的营销目的。

第二，推广与传播。创作完成后的下一步是寻找合适的机会和渠道进行推广，在微博等社交平台上发起与热点相关的讨论是常见的做法，同时可以标记或 @ 相关的"大 V"、媒体机构、事件相关企业等，借助他们的影响力实现内容的二次传播。此外，利用微信公众平台、朋友圈、头条等多渠道同步推广，也能有效扩大内容的覆盖范围和影响力。关键在于如何通过这些渠道巧妙地结合热点事件，创造出有吸引力、能激发公众讨论的内容，驱动更广泛的传播和讨论的发生。

第六章 直播营销：拓宽营销渠道

第一节 直播营销概述

一、直播营销的分类

不同的活动有着不同的直播营销模式，本节将其分为七大类，如图6-1所示。

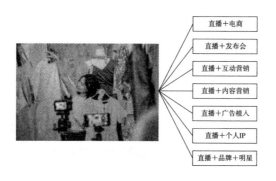

图 6-1 直播营销的分类

（一）直播＋电商

"直播＋电商"模式已成为电商行业的新风口，这一模式通过网络直播的形式，将商品介绍、展示与实时互动结合在一起，有效地吸引了大量潜在消费者的注意力，并促使他们做出购买行为。阿里巴巴与新浪微博的数据对接，让微博成了一个重要的直播电商流量入口，不同的品牌和店主可以利用微博平台的高人气，通过直播的方式展示商品，与消费者实时互动。这增强了消费者的购买欲望，也让企业通过直播中传达的品牌风格和态度，建立起了品牌的忠诚粉丝群体。"直播＋电商"模式通过其立体化的商品展示和互动体验，大大提高了下单转化率，为电商行业带来了新的生机。

"直播＋电商"模式本质上是传统线下导购的线上化实践，将面对面的商品介绍和推荐转移到了线上平台，面向的是全国乃至全球的广大消费者。与传统的线下导购相比，这一模式更受年轻消费者的青睐，他们更倾向于通过网络平台了解和购买商品，对线下的人工导购服务反而感到不适应。随着 5G 技术的普及和网络环境的优化，更多的电商从业者和原本的线下导购人员纷纷加入"直播＋电商"的浪潮中，这一模式正以前所未有的速度改变着人们的购物习惯和电商行业的营销策略。

传统电商通过静态图片和文字描述让消费者了解商品，这种方式虽然适合标准化产品的销售，但往往难以充分展现高价值、有个性化需求的非标准商品的特性，限制了商品的销售潜力。而直播电商的崛起为这类商品的销售带来了新的机遇，在直播中，通过观看主播的实时介绍和演示，消费者能够更直观地感受到商品的品质和价值，这提高了他们购买高价商品的意愿，不论是奢侈品牌的包包、化妆品，还是高端的电子产品、汽车等，都能通过直播电商这一新模式触及更广泛的消费者。

"直播＋电商"模式不仅重塑了商品展示的方式，更重要的是，它重新定义了商家与消费者之间的关系。通过直播，商家可以实时与消费者进行互动沟通，这种互动能够及时解答消费者的疑问，提高产品透明度，还能够在主播与消费者之间建立信任关系。观众的实时反馈、购买行为的直观展示，都极大地激发了消费者的购买欲望。在 5G 技术的加持下，直播电商的体验将更加流畅、互动性更强，预示着"直播 + 电商"模式将在未来的数字经济中占据更加重要的位置。这都为电商行业带来更多的发展机遇和挑战。

（二）直播 + 发布会

在"直播 + 发布会"这一模式下，企业可以通过直播平台向全球消费者展示新产品的特性、技术亮点及使用场景等，观众则可以通过实时互动功能提出问题，获取即时反馈，这极大地增强了发布会的参与感和互动性。此外，"直播 + 发布会"模式还能够通过网络的广泛传播，迅速提升产品的市场认知度和品牌影响力，为产品上市初期的市场推广奠定坚实基础。在操作层面，"直播 + 发布会"要求企业具备高效的直播策划和执行能力，包括但不限于选择合适的直播平台、设计互动环节、安排精彩的内容呈现等。企业还需要事先进行充分的技术准备，确保直播过程中画面的质量和稳定性，避免因技术问题影响观众体验。为了最大限度地发挥"直播 + 发布会"的效果，企业可以结合社交媒体、官网等多渠道进行宣传推广，吸引更多潜在观众参与直播。

（三）直播 + 互动营销

"直播 + 互动营销"策略有效地融合了直播技术与社交媒体的功能，创建了一个双向沟通的桥梁，让品牌与消费者之间的互动变得更加直接和生动。在这种模式下，企业通过举办各种直播活动，如产品展示、专家访谈、用户互动游戏等，吸引社交平台上的用户参与。精心设计的直播内容能激发观众在社交平台上分享和讨论，形成一种从直播到社交平台，再从社交平台反哺到直播的良性循环，有效提升品牌的曝光度和用户的参与度。此外，"直播 + 互动营销"还特别强调用户的参与体验，通过线上征集和招募，企业可以鼓励粉丝亲身加入直播环节，既能够让观众近距离感受产品魅力，也为直播内容增加了新鲜感和真实感，建立起了消费者与品牌的情感连接，加深了用户对产品的理解和认同。

（四）直播 + 内容营销

在这类模式下，精心策划的内容成为吸引观众眼球的核心。例如，直播平台展示特定主题活动或是名人访谈，可以在短时间内聚集大量观众，提高品牌知名度。要保证内容的深度和价值，可以结合热门话题、节日活动或是行业内的重大新闻等内容，通过直播形式对其进行深入解读或是创造性展示，让观众在享受内容的同时，自然而然地了解到品牌和产品。

（五）直播 + 广告植入

"直播 + 广告植入"是一种将品牌广告巧妙融入直播内容中的营销方式，这种方法能够在不影响用户观看体验的前提下，自然地将产品信息传达给目标观众。在这种模式下，广告的形式是十分多样的，可以是主播在直播过程中提及某品牌或产品，也可以是直播中展示某些物品或背景板上的品牌 Logo。关键在于广告植入要与直播内容紧密相关，以确保信息的传递既自然又有效。例如，一位时尚博主在直播时试穿品牌服装，并分享穿搭技巧，这本身就是一种广告植入，这样的直播既提供了有价值的内容，也顺带推广了品牌产品。观众在享受直播内容的同时，可以被植入的广告吸引，这种互动性和参与感大大提高了广告的转化率。另一方面，品牌可以通过赞助直播活动或特定环节，让主播在直播中自然提及品牌或展示品牌产品，这种植入方式更加隐蔽，能够在不引起观众反感的情况下，有效地提升品牌曝光度和观众认知度。

（六）直播 + 个人 IP

在当代的"网红经济"浪潮中，"直播 + 个人 IP"模式崭露头角，为广大个体提供了一个全新的展示自我和扩大影响力的平台。这种模式使个人成为网络社交的中心节点，而且极大地降低了成名的门槛。个人 IP

的核心在于拥有一群忠实的粉丝及与之俱来的频繁互动，这些粉丝是个人魅力的见证者，也是个人品牌建设的推动者。通过直播平台，这些拥有个人特色的网红能够利用自己的独特魅力和内容，吸引并汇聚更多的粉丝，实现个人魅力到经济价值的转化。

（七）直播＋品牌＋明星

通过邀请明星参与直播活动，品牌能够借助明星的大量粉丝基础，迅速提升品牌的曝光率和用户的参与度。以某化妆品企业在戛纳电影节期间的营销活动为例，品牌利用其代言人的高影响力，通过直播形式将代言人的戛纳现场体验直接转播给全球观众收看。在这次直播中，观众能够零距离地感受一线明星在电影节的风采，还能实时了解到他们使用的该企业产品的详情。最终，这场直播不仅提升了品牌形象，还达成了销售目标，证明了"直播＋品牌＋明星"是一种高效的营销模式，能够在短时间内激发消费者的购买欲望，推动产品销售。

二、直播营销的三大原则

（一）直播封面与标题的设计原则

1. 直播封面的设计原则

高质量的封面既能立即抓住潜在观众的眼球，还能传递直播内容的核心信息，提升直播间的专业形象。①确保封面图片的高分辨率是基础，应避免使用模糊不清的低像素图像。②合理融入相关元素，如品牌Logo、直播主题的花式字体等，可以增加封面的吸引力和专业度，例如，一个能清晰展示产品特点、主播风采的封面，结合吸引人的标题，能让用户在短时间内了解直播的主题和内容，激发其进入直播间的兴趣。③封面的设计需要遵守平台规范，避免包含任何违禁内容，如色情、赌博、毒品、暴力或任何负面信息，以免违反平台规则导致直播间被封。

2. 直播标题的设计原则

一个有效的标题应该能够使用户在浏览众多直播选项时，立即注意到标题内容。①标题应简洁有力，能够在用户扫视过程中迅速传达直播的主要内容和吸引点，长篇累牍的标题难以被全部展示在限定的页面空间内，还容易模糊重点信息，从而降低点击率。②直播标题应保持真实性和诚信度。夸大其词或虚假宣传不仅违反平台规定，还会损害主播或品牌的信誉，长期来看可能导致受众流失。标题中的信息应与直播内容紧密相连，避免出现与实际内容大相径庭的情况，确保观众对直播的期待与实际体验相匹配。③直播标题必须遵循法律法规和平台政策，确保内容健康、积极，不涉及任何违法违规的宣传，在商业化的直播带货活动中，企业更应注重合规性，避免因标题问题而引发法律纠纷或被平台处罚。

（二）选择直播主播的原则

1. 找与产品相同领域或相关领域的主播

品牌应确保所选主播的专业领域与产品线紧密相关，这样的精准对接能够提高营销效率，还能大大增强产品推广的说服力。例如，如果品牌专注于美妆产品，那么选择一个在美妆领域拥有高人气和信誉的主播会比选择一个涵盖多品类但在美妆领域影响力较小的主播更加有效。精准匹配可以确保产品信息可以直接触达对产品感兴趣的目标受众，最大化地利用投放资源，避免资源浪费。

2. 主播拥有自己的粉丝社群，聚粉能力强

选择具有强大粉丝社群和聚集力的主播是直播带货成功的重要因素之一，这样的主播能够通过个人魅力和专业技能，吸引并维持大量的忠实粉丝，形成一个活跃且参与度高的社群环境。在这个过程中，主播是产品的推销员，也是粉丝社群的核心和灵魂，能通过分享个人经验、参与互动讨论，增加粉丝的黏性和活跃度。强大的粉丝基础能直接提高直播带货的销售潜力。一个拥有高聚粉能力的主播，能够有效地将自身影响力转化为产品销售力，这种转化一方面是基于主播外表魅力的，另一

方面则更多地依赖其专业知识、销售技巧以及与粉丝的互动能力。通过持续地提供高质量的直播内容，这些主播能够保证直播的吸引力和观看体验的质量，进而实现高效的产品推广和销售。

3. 以往的直播效果、绩效

市场上有许多可以提供详细数据分析的平台和工具，这类数据能够展示主播的带货能力和受众互动情况，但企业不应仅仅依赖数据榜单，因为这些数据可能需要从多个角度进行验证和解读。重要的是，品牌需要深入观察主播的过往直播记录，关注其对产品的熟悉程度、准备工作的充分性以及能否有效回答观众提出的问题。此外，主播与观众的互动能力也是不可忽视的因素，优秀的主播能够通过有效互动，增强用户黏性，缩短与消费者之间的距离。

4. 避免与争议较大的主播合作

品牌应当避免与具有争议性的主播合作，因为这些主播可能会因不当行为或言论而引发公众争议，对品牌形象造成负面影响。为了维护品牌声誉和消费者信任，品牌需要精心挑选那些有正面形象、专业能力出众的主播。尤其在当前的直播环境下，一些主播可能会使用极端手段吸引观众注意，如使用不适当的语言或行为，这种行为短期内可能会增加观众数量，但长期来看却可能损害品牌的可持续发展。因此，选择主播时，品牌应该综合评估主播的公众形象、专业能力和历史争议，确保合作伙伴的价值观能够与品牌相契合，共同推动品牌正向发展。

5. 性价比高的主播

理想的主播应该在保证直播质量和吸引力的同时，又要求合理的佣金，确保品牌能够在有限的预算内获得最大的营销效果。佣金与主播的粉丝基数和互动率有关，还与主播与品牌定位的契合度及直播带货的能力有关。选择主播时，商家应深入分析主播过往的直播案例，评估其转化率和观众的忠诚度，以此决定该主播能否为品牌提供一个成本效益较高的合作机会。企业应通过精算每一分投入与回报，寻找那些能够为品牌带来实质性增长的性价比高的主播。

（三）直播播放内容的原则

1. 选择受众感兴趣的主题

直播主题应深入挖掘目标受众的兴趣点和需求，紧跟市场趋势和热点事件。为此，直播策划者需进行详尽的市场调研，了解受众的偏好和行为模式，精心设计能够引起受众共鸣和兴趣的主题，例如，如果目标观众是美妆爱好者，那么可以选择"最新美妆趋势解析"或"如何打造日常妆容"作为直播主题。

2. 掌握话术，让直播不冷场

主播需要具备优秀的沟通技巧，以确保直播过程气氛活跃，避免出现冷场。①②③主播应深入了解产品特性，用生动的语言描述，让观众了解到具体的使用场景，激发其购买欲望。例如，当介绍一款护肤品时，主播可以细致描绘使用后的肌肤改善效果，使用情景描绘增强语言的画面感。②主播要学会使用不同的语调和语速来传递信息，增加话语的吸引力。在介绍促销信息时，主播可以重复并强调关键信息，确保观众能够清楚地记住优惠详情。③主播和助理需紧密合作，快速响应观众的提问和评论，通过分享个人经历或趣事，将产品信息自然融入话题，这能让观众感到亲切并愿意参与互动。

3. 字牌、提示板辅助

精心设计的字牌，可以在直播中为主播提供重要的提示，确保关键信息的准确传达，还可以为直播增添趣味元素，使观众的体验更加丰富多样。例如，在直播推介某款新产品时，字牌上可以清晰地展示产品名称、主要特性以及特惠信息，有助于观众快速捕捉并记住产品信息，激发其购买兴趣。制作字牌和提示板时，应做到创意和合规性并重，遵循新广告法的要求，避免使用夸大或有误导性的表述，保持信息的真实性和准确性。

三、直播营销的商业机遇

（一）增长快：电商直播的爆发式增长

过去，直播内容主要集中在休闲娱乐领域，如音乐表演、游戏直播和幽默短剧等，随着内容营销的演进，直播技术已经转变为网络营销领域的一颗新星，成为最有效的内容营销工具之一。

直播作为一种受欢迎的网络互动形式，历来被视为观众获取娱乐内容的主要方式。传统上，主流直播平台，如 YY、斗鱼和全民直播等，主要吸引那些爱看娱乐节目的观众群体，在这些平台上，带有明显销售和广告意图的直播内容往往会遭到观众的抵制。然而，淘宝直播的出现彻底改变了这一局面，它成功破解了传统直播中变现的难题，使在直播过程中销售产品和广告成为可能，并被普遍接受。作为电商直播的典范，淘宝直播凭借其较高的营利能力、丰富的支持政策和容易变现的优势，吸引了众多专业和业余的内容创作者入驻，其内容的快速增长预示着它可能成为下一个重要增长点。不仅如此，淘宝直播的魅力还跨越国界，吸引了国际观众的目光，成为阿里巴巴商学院国际学习课程的一部分。

电商平台极大地提升了消费者的购物体验。消费者无须离家即可轻松购买各种商品，也为商家减少了实体店铺的运营成本，简化了供应链管理。但是，传统电商购物存在一定局限性，如商品信息的呈现主要依靠图片、文字描述和视频，这些方式往往无法全面展示产品的细节，如衣物的材质、颜色真实度、尺寸适配性等，导致消费者难以做出准确的购买决定。更严重的是，部分商家的不实描述和信息误导使网络平台上充斥着与实物不符的商品，即使是专业商家也难以通过图文或视频完整地将产品信息传达给消费者。直播营销的兴起为解决这一问题提供了新的解决方案，通过直播，商家可以实时展示产品，直观地解答消费者的疑问，为消费者提供接近线下购物的体验。

1. 直播是"顺着网线"向消费者销售

（1）个性化互动体验增强满意度。直播的一个显著优势在于观众能够直接与主播进行互动。消费者关注的产品特点各不相同，例如，购买衣服时，有些人可能关注颜色是否真实，有些人关心衣物的厚薄，而有些人则担心衣物是否易起球或者是否有折扣。通过传统的图文介绍解答这些问题既费时又可能导致信息过载，而直播间内，主播可以及时回答观众的具体疑问，提供有针对性的信息，从而有效提高消费者的满意度和信任感。

（2）延长停留时间促进购买决策。在新媒体营销中，"停留时间"是衡量产品吸引力的重要指标。与图文展示相比，直播能显著延长消费者的平均停留时间。即便是表现最差的直播间，其平均停留时间也能达到30秒，等同于优秀的图文内容展示。[①] 停留时间的增加意味着消费者有更多机会了解产品，进而提高购买的可能性。

（3）激发冲动购买。逛淘宝或观看直播的人群中，不乏没有明确购买目的的消费者。对这部分人来说，传统的图文展示难以激发他们的购买欲望。直播则通过主播的互动、产品优惠、优势展示等方式，像商场中的促销活动一样，吸引着消费者的注意力，并能有效刺激冲动型消费。

（4）KOL（关键意见领袖）效应提升信任度。优质的直播内容不是简单地介绍产品，很多时候，消费者之所以观看某个直播，是因为他们是主播的粉丝，信任主播的推荐。这种基于个人品牌和信誉的 KOL 效应，可以让观众感觉到他们是由一个可信赖的朋友而不是一个陌生的销售员来带领着了解产品的，这极大地增加了消费者的购买信心。

2. 新媒体直播打造爆款的同时，成就了 KOL

在新媒体的广阔天地中，直播平台成了一片充满机遇与挑战的竞技场，主播们在这里既是推销产品的销售员，又是拥有一定影响力的"网红"，或某一领域的专业人士。在这个看似平等的舞台上，主播的个人魅

① 唐观友，阙语莹. 直播营销 [M]. 北京：中国商业出版社，2022：33.

力、专业知识以及与粉丝互动的能力成为决定其是否能在激烈竞争中脱颖而出的关键因素。这场没有硝烟的战争要求主播们既要不断吸引新的粉丝群体，更要努力维系与老粉丝的关系，将那些偶然驻足的"路人粉"转化为"铁杆粉丝"。新媒体的世界既是内容创造与分享的平台，也是"网红"经济的竞技场，其中的竞争异常激烈。那些个人能力较弱、形象不够吸引人、缺乏独特才艺的主播可能会在这场竞争中逐渐失去光芒。就像娱乐业一样，虽然有无数人梦想成为焦点，但能真正达到顶峰的人却寥寥无几。

尽管目前新媒体正处于发展的黄金时期，许多主播已经迅速积累了大量粉丝，但随着更多的主播和专业团队的加入，未来的竞争只会变得更加激烈。在这样的背景下，只有不断提升自己的综合实力，才能在新媒体的浪潮中立于不败之地，赢得更多粉丝的支持和更大的市场收益。

（二）易融资：直播电商是资本的宠儿

直播营销之所以能够快速崛起并取得高效发展，主要是因为技术、娱乐和资本的结合。

1. 技术驱动

内容产业的蓬勃发展离不开技术进步的助推。如今，随着国内宽带速度的快速提升和智能手机性能的不断增强，智能手机已成为大众日常生活中不可或缺的一部分，这些技术基础的改善，为内容产业，尤其是移动视频直播领域，提供了坚实的技术支持。特别是无线网络与5G技术的广泛应用，大大降低了数据流量的成本，使主播能够更加灵活地进行直播，并减少了制作和观看直播的经济成本，推动了移动直播技术的飞速发展。

另外，随着直播技术的不断优化和创新，美颜摄像技术、内容分发网络（CDN）技术、云存储等技术，也使直播的画质和观看体验得到了显著提升。这些技术的进步不仅确保了直播内容的高清流畅传输，还满足了观众对高质量实时互动内容的需求，丰富了用户的直播观看体验。

可以说，技术的不断发展和创新是推动内容产业，特别是直播领域成长的关键驱动力。

2. 互娱共生

以电子竞技（电竞）为例，它长期以来一直是游戏产业的一部分，但直到近年来，随着网络直播技术的广泛应用和普及，电竞领域才迎来了其发展的黄金时期。网络直播的兴起为电竞产业带来了前所未有的增长机遇，使电竞从曾经的小众圈层活动，转变为大众化的娱乐项目。通过结合直播平台，电竞将高水平的竞技游戏展示给了广大观众，提高了游戏的透明度和参与感，还增加了电竞的趣味性和观赏性，成功吸引了大量年轻观众的关注。这种变化吸引了资深游戏玩家，也将大量的业余爱好者纳入电竞的观众群体中，大幅拓展了电竞的受众基础。

在电竞和网络直播的互娱共生模式下，观众不仅热衷于参与游戏，更享受观看他人的游戏比赛。这种模式极大地增加了直播平台上用户的黏性。很多知名直播平台，如 Twitch、YY 等，都是依托电竞直播内容实现了生存和发展的。电竞直播的成功案例证明了电竞和网络直播的完美结合，为电竞产业本身带来了发展的新机遇，也为全球观众提供了丰富多彩的娱乐内容，推动了整个游戏产业的繁荣发展。

3. 资本风口

直播行业的崛起伴随着显著的资金投入，以游戏直播为例，为确保观众获得流畅且高清的观看体验，直播平台不得不承担高昂的设备采购费用、版权购买费和主播薪酬等，这些费用构成了运营的主要成本。虽然面临着如此巨额的支出，多数直播平台却因为直播产业的蓬勃发展而实现了盈利，展现出极佳的商业前景。这一积极的财务表现吸引了大量资本的关注和投资，映客、虎牙和斗鱼等知名直播平台相继完成了多轮资金融资。同时，互联网巨头，如百度、腾讯和阿里巴巴也纷纷入局，通过投资或自建平台参与到这场游戏直播的竞争之中。这些动作证明了直播市场有巨大潜力，也意味着资本市场对直播行业未来增长的乐观预期。

（三）模式新：直播催生营利模式变革

1.直播平台的营利模式

（1）增值服务。增值服务涵盖了从虚拟道具销售到用户打赏，再到会员服务等多个方面。不同类型的直播平台都在依靠提供这些服务实现收入增长，其中包括秀场直播、游戏直播和专业领域直播等。

对秀场直播而言，主播通过展示才艺吸引观众的关注，并激励粉丝赠送虚拟礼物或进行打赏，如鲜花、蛋糕等不同形式的虚拟道具，其价格因礼物形式的不同而各异。这种方式增加了粉丝与主播之间的互动，也是平台和主播收入的重要来源。通过提供这一渠道，虚拟礼物的销售成为直播平台主要的营利模式之一。

在游戏直播领域，增值服务的表现形式更为多样，包括但不限于用户打赏、粉丝等级制度及游戏竞猜活动等。用户可以通过赠送金豆、银豆等虚拟物品与主播互动，互动能提升自己的用户等级，享受更多特权。此外，一些专业的财经直播平台，如知牛财经，可以依靠提供专业的财经内容吸引用户打赏和赠送礼物，以实现盈利。

会员服务也是直播平台常见的增值服务之一。通过收取一定的会员费，平台可以为会员用户提供一系列特权服务，如 YY 直播平台的会员可以享受到排名优先、有独特的红名装扮、专属表情等特权。这些服务既增强了用户的归属感和忠诚度，也为平台带来了稳定的收入来源。

（2）广告投放。直播平台在广告模式方面与在线视频服务有着诸多相似之处，它们可以通过 CPM（cost per mille）广告、点击率广告等多种方式进行营利。这些广告主要以两种形式存在：一是主播在直播过程中对特定品牌或产品进行的植入式推广，二是在直播页面上展示的网页图片广告。这种模式为品牌提供了一个接触潜在客户的新渠道，也为直播平台带来了稳定的广告收入。

（3）电子商务模式。主播利用自身影响力，可以引导粉丝从直播平台跳转到电子商务平台进行购物，从而实现销售转化。特别是在游戏直播平台中，粉丝可以通过购买商品支持自己喜爱的主播，平台可以通过这种方式实现变现。2016 年 5 月，淘宝直播的上线标志着直播与电商的深度融合，大多数用户倾向于在 20:00 至 22:00 观看直播，并在主播的推荐下完成购物。此外，一直播通过与微博合作开通了橱窗功能，进一步加强了直播与电商的连接。

（4）游戏联运合作。直播平台与游戏开发商之间的合作，为游戏直播和推广提供了新的机遇。观众可以在观看游戏直播的同时，通过链接直接参与游戏，这种互动方式大大提高了游戏的曝光率和参与度。不只是游戏直播平台，如 YY、六间房、9158 等其他类型的直播平台也都在积极开展这方面的业务，将直播平台作为游戏推广的有效工具。

2. 主播的营利模式

（1）虚拟礼物与利润分成。粉丝通过购买虚拟礼物表达对主播的支持和喜爱，而这些礼物包括但不限于动态表情、虚拟鲜花等。直播平台和主播之间会根据预先约定的比例将这部分收入分成。这种收益模式激励了主播提供更高质量的内容以吸引更多的粉丝进行打赏。

（2）签约费用与薪酬。在游戏直播领域，许多主播是专业的电竞选手，他们与直播平台签订合约，作为团队的一部分参与比赛和直播。这种合作关系能够使主播获得签约费和固定薪资。签约费通常由主播、团队成员和经纪公司共享，主播的薪资与其人气直接相关，人气越高，薪资通常越丰厚。完成指定的直播任务能保证主播获得稳定的收入，而顶级电竞主播因拥有庞大的粉丝基础，其薪资水平尤为突出。

（3）广告收入。具有较高人气和影响力的主播能够吸引品牌商投放广告，这是主播的又一收入渠道。在直播过程中插播商家广告，既能增加平台的广告收入，也能为主播带来额外的分成收益。

（4）电子商务与活动参与。很多直播平台上的主播会运营自己的电商店铺，并通过直播吸引粉丝消费，进而实现盈利。此外，主播还会通过参与或举办线下活动吸引粉丝参与，增加与粉丝的互动，并获得收益。游戏直播平台经常举办各种主题活动，主播可以在这些活动中与粉丝进行互动，进一步扩大自己的影响力并获得收益。

（四）参与感：重新定义商业价值

参与感来自观众在观看直播的过程中，实时与主播互动，参与直播内容的创造和讨论的行为。直播的这种互动性强的特性为直播营销带来了独特的商业机遇。

1. 参与感增强了消费者对品牌的忠诚度

在传统的广告营销中，消费者往往是被动接受信息的一方，而在直播营销中，消费者可以通过弹幕、评论、打赏等方式与主播进行实时互动，这种参与方式使消费者感受到被重视，进而增强对品牌的信任度和忠诚度。例如，当消费者的问题或建议被主播采纳和回应时，他们会感受到一种被尊重和满足的快乐，这种正面情绪将转化为对品牌的长期支持。

2. 参与感促进了消费者的口碑传播

在直播过程中，消费者的参与不仅包括与主播的互动，还包括与其他观众的交流。这种社交属性使直播平台成了一个信息传播的高效渠道。当消费者在直播中获得满意的体验后，他们很可能在社交网络上分享这一体验，吸引更多的潜在消费者参与进来。这种基于参与感的口碑传播效应，对品牌形象的提升和产品销售的增加有着直接的推动作用。

3. 参与感为直播营销带来了更高的转化率

与传统营销相比，直播营销的参与性让消费者能在购买决策的过程中感受到更多的乐趣和信任，这种积极的购物体验直接影响了消费者的购买意愿。在直播中，主播可以及时回应消费者的疑问，展示产品的详细情况，这种透明和互动性强的购物环境大大降低了消费者的购买犹豫，提高了成交的可能性。

（五）门槛低：人人都可以做直播

直播营销作为一种新兴的商业模式，为众多个体和企业带来了前所未有的机遇。其中，直播行业低门槛的特性使人人几乎都有机会通过直播展示自己、分享知识、推广产品或服务。这一点甚至重新定义了传统营销模式下的参与者角色和范围。

技术的快速发展和普及降低了直播的技术门槛。如今，只需一台智能手机或电脑，便可进入直播世界，无须复杂的设备和专业的技术支持。各大社交媒体平台，如 TikTok、Instagram、YouTube 等，都提供了简单易用的直播功能，用户可以在这些平台上轻松开启直播，与全球观众实时互动。这种便捷性极大地鼓励了更多个体尝试直播。无论是分享日常生活、展示特定技能，还是进行产品展示和销售，每个人都可以成为直播的主体。

直播行业的低门槛为个体和小微企业提供了平等的市场机会。在传统的商业模式中，广告宣传往往需要巨额的资金投入，这对资源有限的个体和小企业来说是一个巨大的挑战。但是，直播营销的低成本特性使他们也能够通过直播平台宣传达到与大公司相似的宣传、推广效果，通过直播与潜在客户建立信任关系，提升品牌的知名度和影响力。这种平等的市场机会促进了市场的多元化发展，激发了人们更多的创新和创业活力。

直播营销的低门槛还推动直播内容变得更为多样而丰富。由于每个人都可以成为直播的创造者，因此直播内容覆盖了生活的方方面面，从娱乐、教育、健康到科技、艺术等各个领域。内容的多样化不仅满足了观众不同的需求和兴趣，还为直播平台带来了更广泛的观众基础。同时，观众可以根据自己的兴趣选择观看不同主题的直播，享受个性化的观看体验。

（六）场景化：直播是场景营销的入口

场景化营销的核心在于创造或利用特定的生活场景，使消费者在自然且舒适的环境中接触和体验产品，进而提高转化率。直播作为一种实时互动的媒介，能够有效地将产品展示和消费者需求结合在一起，并通过主播与观众之间的互动交流，创造出生动具体的购物场景，使消费者在观看直播的过程中就能产生强烈的购买欲望。

直播能够提供真实、生动的使用场景展示。主播可以通过直播向观众展示产品的实际使用效果，如化妆品的试妆、厨具的现场烹饪演示等，这些都是场景化营销的体现。观众能够直观地看到产品的实际效果，还能通过主播的讲解深入了解产品的特点和使用方法。这种互动式的产品展示，相比于传统的图文介绍，能够更加深入地影响消费者的决策，因为人们能够在特定的场景中看到自己使用产品的可能性。直播可以创造出独特的购物体验，增强消费者的参与感，在直播过程中，观众可以通过评论、提问等方式参与直播，与主播进行实时互动。这种参与不仅包括与主播的互动，还包括与其他观众的讨论和交流，能够形成一种虚拟的社区感。在这样的场景下，消费者的购物体验不再是孤立的，而是一种社交化、共享化的体验，这种体验能够提升消费者的满意度和忠诚度，鼓励消费者进行购买。

第二节 直播营销的流程

直播营销流程通常包括以下几个环节，如图6-2所示。

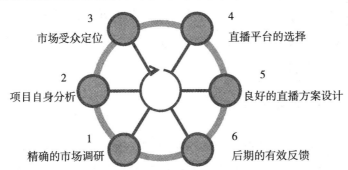

图6-2 直播营销的流程

一、精确的市场调研

精确的市场调研是制订有效营销策略的基础。通过深入的市场调研，企业可以准确掌握目标客户的需求、偏好以及购买行为，设计出更具吸引力的直播内容和营销方案。市场调研包括对目标市场的细分、目标客户群体的特征分析、对竞争对手策略的评估以及对市场趋势的预测等多个方面。

（一）市场细分

这是调研的首要步骤。通过对市场进行精细划分，企业可以识别出不同的消费者群体及其特定的需求，为直播内容的定位提供依据。例如，针对美妆产品的直播营销，企业可以通过市场调研识别出追求高端品牌的消费者群体和更看重性价比的消费者群体，进而在直播时针对这两类人群推出不同的产品和促销策略。

（二）对目标客户群体的深入了解

通过在线问卷、社交媒体分析、焦点小组讨论等方法收集信息，企业可以了解目标客户的兴趣点、购买动机和消费习惯等，为直播内容的设计和营销信息的传递提供准确的数据支持。

（三）竞争对手的策略分析

通过分析竞争对手的直播营销活动，企业可以识别出自己的优势和不足，找到差异化的营销点，避免在市场上与竞争对手直接对抗，从而在众多直播中脱颖而出。

（四）对市场趋势的预测

这能够帮助企业把握未来的市场动向，及时调整营销策略，抓住市场机会。例如，在直播营销中，及时捕捉并利用最新的社交媒体趋势和技术进步，可以有效提升直播的观看体验，吸引更多的观众参与。

二、项目自身分析

这一过程要求企业清楚地认识到自身的产品或服务在市场中的定位，以及相对于竞争对手的优势与不足。深入的自我分析有助于企业明确自身的市场竞争力所在，还能够为制订更加精准的营销策略提供坚实的基础。

（一）从产品特性出发

项目自身分析需要从产品特性出发，深入挖掘产品或服务的核心竞争力，这涉及产品的创新点、用户体验、品质保证等方面。通过对这些核心要素进行深入认识，企业能够明确自身在市场中的独特价值，并在直播营销中突出这些亮点，吸引目标消费群体的注意。

（二）识别不足之处

企业还需识别产品或服务可能存在的不足之处，如客户的价格敏感性、市场接受度等，以便在营销过程中采取相应的策略来弥补或转化这些不足。

（三）从自身条件出发

企业还可以从自身条件出发，分析自身资金、技术、团队等方面的实力与局限情况，包括企业当前的资源配置状况，以及对未来发展潜力的预判。通过对这些内部条件的客观评估，企业能够在直播营销过程中合理分配资源，有效利用有限的资金和人力资源，最大程度上实现营销目标，同时，这要求企业在直播营销策略的制订过程中，能够根据自身条件灵活调整策略，以适应市场变化和消费者需求的不断变化。

三、市场受众定位

进行市场受众定位首先要深入研究和理解目标消费者的行为特征、消费习惯、兴趣偏好等特点，通过分析这些数据描绘出目标受众的精确画像。这一步骤要求营销者运用市场调研工具和数据分析技术，收集关于目标市场的广泛信息，包括但不限于年龄、性别、地理位置、职业、收入水平，以及他们在网络上的行为习惯等。接下来，基于收集到的数据和信息，企业需要进一步细化市场细分，确定直播营销活动的核心目标群体，包括对已有客户群体的深入挖掘和潜在客户群体的识别与吸引。通过明确的市场受众定位，企业可以更加有针对性地设计直播内容和活动，确保直播内容能够与受众的需求和兴趣点精准对接。例如，如果目标受众是年轻的时尚爱好者，那么直播内容就应该围绕最新的时尚趋势、搭配技巧、品牌故事等进行。

四、直播平台的选择

不同的直播平台拥有不同的用户群体和平台特性，这直接影响着直播内容的受众匹配度以及营销活动的效果，例如，淘宝直播、抖音、快手等平台各有特色，淘宝直播侧重于电商销售，抖音和快手则更加注重内容的娱乐性和互动性。因此，在选择直播平台时，企业首先需要根据自身产品的特性和目标受众的偏好进行精准匹配。对销售美妆、服饰类产品的企业来说，选择淘宝直播等电商平台能够直接触达购物欲望较强的用户群体；而销售电子产品、游戏等产品的商家，则可以选择虎牙或斗鱼等游戏直播平台，以更有效地吸引目标受众的关注。

除了考虑产品特性和与目标受众的匹配度，企业在选择直播平台时还需要考虑平台的技术支持状况、推广资源、合作政策等多方面因素。技术支持包括直播的稳定性、画质、互动功能等，这些都直接影响着直播效果和用户体验。而平台提供的推广资源，如是否有流量扶持、广告位合作、活动联动等，也是影响营销效果的关键因素。合作政策包括合作模式、收益分成、数据支持等，合理的合作政策能够保证企业在直播过程中获得应有的权益，同时有助于双方建立长期稳定的合作关系。

五、良好的直播方案设计

设计直播方案的过程中，营销和视觉设计的结合至关重要，它们共同决定了直播的吸引力和观众的参与度。一个优秀的直播方案既要能够准确传达产品信息，激发观众的购买欲望，还应该为观众提供足够的娱乐或信息价值，使观众在享受内容的同时，自然而然地对产品产生兴趣。

这就要求营销团队与视觉设计团队进行紧密的协作，从直播的主题、内容、节目流程安排到视觉效果的设计，每一个环节都精心策划。例如，直播的主题要紧贴市场热点，内容要有创意且具有吸引力，同时，视觉效果的设计要符合品牌形象，能够在众多直播中脱颖而出。

直播方案的设计还需要考虑直播的互动性，直播的互动环节是吸引观众参与的重要手段，设置提问、投票、抽奖等环节，可以有效提高观众的参与度和直播的活跃度。互动环节能够让观众感受到被重视，还能增加直播的趣味性，有利于提高用户对品牌的好感度和忠诚度。

六、后期的有效反馈

在直播结束后，对活动的每一个环节进行综合评估和分析，是为了确保在下一次直播目标能够被更好地达成，提升转化率，这包括对直播的观看数据、互动数据、转化数据等进行全面分析，找出活动中的亮点和不足之处。例如，哪些内容或环节吸引了最多的观众参与，哪些促销活动带来了实际的销售转化，观众的反馈和建议等。通过收集这些反馈信息，企业可以深入了解目标顾客的需求和偏好，以及直播营销策略的有效性，并基于这些反馈对方案进行实时调整和优化。这有助于提升品牌形象和顾客满意度，精准定位市场，制订出更加符合目标顾客需求的营销策略，进而在接下来的直播营销活动中获得更好的直播效果。

第三节　直播营销新打法

一、多个直播间联盟

直播营销作为新时代的营销策略，核心在于通过多种直播形式增强用户体验，提升品牌影响力。其中，联合多个直播平台或多个直播间开展营销活动是一种创新且有效的方式，这种策略能扩大活动的覆盖范围，还能丰富用户的观看体验，增加品牌的可见度和用户的参与度。

跨平台共同直播某一营销事件是一种被广泛应用的直播营销形式。通过与多个直播平台的合作，企业能够将营销活动同时传达给不同平台的庞大观众群体，提升活动的影响力。在实施这种策略时，企业需精心策划直播内容，如邀请具有高人气的网红或明星参与，制作精彩的直播内容，以吸引更多用户的关注和参与。例如，跨平台直播新品发布会，邀请业界知名人士共同讨论产品特点，可以有效引发公众的广泛讨论和关注，从而提升品牌知名度。

采用多个直播间同时进行不同营销活动的策略，旨在为不同用户群提供定制化的观看体验。以淘宝直播为例，一个销售女装的店铺可以利用不同的直播间展示不同风格的服装搭配，并为观众提供专属优惠。这样能让用户在观看直播时获得实用的搭配技巧，还能通过直播中的优惠促销活动激发用户的购买欲望。与此同时，这种多元化的直播形式能够满足不同用户的需求，增加用户的满意度和忠诚度。

在直播营销活动的策划与执行过程中，企业需要重视内容的创新与互动性，确保每场直播都能吸引用户的目光并引发互动。例如，企业可以通过实时互动抽奖、用户投票选择下一款展示产品等方式，提高观众的参与感和直播的趣味性。此外，企业还需注意活动后的数据分析和用户反馈，以便不断优化直播策略，提高转化率。

二、趣味直播，带去丰富的直播体验

将趣味元素引入直播中，是一种让传统直播变得生动有趣的创新方式。通过巧妙融入幽默和有趣的内容，直播可以不再是单一的产品介绍或者干巴巴的互动，而给观众带来一种全新的观看体验。对观众来说，观看这样的直播就像参与一场轻松愉快的活动，既能获得信息，还能享受到乐趣。尤其对于非名人主播的企业或商家主播来说，将趣味元素融入直播，无疑能够增加直播的吸引力，打破传统直播的界限。这一策略的具体实施环节如下。

第一，做好策划，挖掘出观众很少见到且感兴趣的内容。例如，通过挖掘最新的社会新闻、趋势话题或者热点事件设计直播主题，激起观众的好奇心，并通过吸引人的标题让他们点击进入。进一步地，在直播过程中，引入不同寻常的元素，如特别设计的游戏环节、幽默搞笑的段子，或者一些创意小品，都能极大地增强直播的趣味性，让用户享受到前所未有的直播体验。

第二，吸引并利用网红的影响力是提升直播趣味性的有效手段。网红或明星的加入能为直播带来更多的观众，还能通过他们独特的个人魅力和互动方式，将直播变得生动有趣。他们能够通过与观众的实时互动，如答疑、游戏互动、分享个人经历等方式，将观众由路人转变为忠实粉丝。

第三，企业在探索趣味直播的道路上，需要不断创新和尝试，结合自身品牌特色和目标观众的兴趣点，设计出独一无二的直播内容。这可能包括开发一系列与品牌密切相关的主题直播，利用虚拟现实技术为观众提供沉浸式观看体验，或者是通过实时互动投票等方式让观众参与直播内容的创作。

三、用高科技 VR 打造立体直播

在数字时代的风潮中，企业直播应借助"艺术与技术"的结合，为用户打造一场视听盛宴。特别是技术的运用，其中 VR（虚拟现实）技术的融入，无疑为直播领域带来了革命性的创新。通过引入具有沉浸感和立体视觉感的 VR 技术，直播不再局限于平面画面的展示，而是能为观众提供全景式、三维空间的体验，丰富了用户的观看感受。无论是体育赛事的激烈对决、时尚秀场的华丽转身，还是紧张刺激的电子竞技，VR直播都能让观众仿佛身临其境，跨越时间和空间的限制，享受前所未有的观看体验。

VR 直播技术的应用，弥补了粉丝无法现场观看活动的遗憾，无论是地理位置的限制还是时间的不便，都不再是障碍。粉丝们通过观看 VR直播，可以收获 360 度无死角的观看体验，既能近距离感受到现场的氛围，还能按自己的意愿切换视角，探索每一个细节。这种技术的应用并不局限于娱乐演出，更能拓展到体育、时尚、电竞等多个行业，为各领域的直播内容增添新的生命力，也为粉丝提供了更加丰富多元的选择。

随着技术的不断进步，VR 直播正逐渐成为新的直播体验风向标。如今，从新闻现场报道、体育赛事直播，到在线教育、虚拟旅游等，VR 技术的应用正在逐步扩展，为人们开辟了无限的可能性。这种全新的直播形式，能够吸引更多的用户，更为企业提供了一种创新的营销手段。企业可以通过提供身临其境的体验，激发用户的购买欲望，推动场景消费的实现。这标志着直播营销步入了一个全新的纪元。

四、打造超清、超酷、超刺激的直播体验

在当代的直播行业中，各平台的直播效果正在从简单的产品展示转向提供丰富多维的体验，这一转变意味着，直播不再是一个单纯展示商品的窗口，而成为一座桥梁，连接着观众与各种虚拟场景，为观众开启了体验营销的新篇章，这种体验的核心在于视觉享受。随着用户对直播内容质量要求的日益提高，单调乏味的直播环境已经无法满足观众的需求，一个有特色的直播场景能够有效激发观众的兴趣，让他们在观看直播的过程中获得前所未有的体验。直播的真正价值不只在于娱乐，更在于它能够为观众提供一种全新的认知途径，使人们在家中就能够接触到远在千里之外的文化和风景，从而拓宽视野，增长知识。

为了打造吸引人的直播内容，团队在策划直播时必须关注到细节，尤其是画质的清晰度、内容的创新性和呈现的方式。"三超"原则，即超高清晰度、超级酷炫、超级刺激，是直播内容吸引观众的关键。其中，清晰度是基础，如今虽然许多电视节目已经实现了 4K 直播，但网络直播平台上高清直播的普及度仍有限，所以，提升直播的画质，采用更高级的技术标准，既能够提升用户的观看体验，也是直播平台技术进步的重要标志。

企业亟须紧跟潮流，选择与那些已经实现高清直播技术突破的平台进行合作，以确保直播内容在视觉上赏心悦目，更在用户体验上大幅领

先。高清直播技术能够为用户带来更加生动、细腻的视觉享受，使直播内容更加吸引人，进而在激烈的市场竞争中占据优势。然而，仅仅依靠技术的进步并不足以长久吸引用户的注意，企业还必须不断创新直播内容，引入新元素和新思路，保持直播的新鲜感和吸引力。即便是采用了最先进的高清直播技术，直播内容如果仍旧停留在传统、单一的模式上，就依然难以激起用户的兴趣和参与度。例如，旅游行业的企业可以利用高清直播技术，将户外旅游直播与新奇的体验活动相结合，如邀请直播主播亲身参与蹦极跳、穿行在玻璃栈道上等，这样的直播能够细致呈现出景区的每一个角落，更能深入展示景区所能提供的极致刺激体验。实际上，这种直播方式不只是旅游企业，其他领域的企业也完全可以借鉴，通过加入刺激性的内容或互动元素，为用户带来前所未有的直播体验。

五、用艺术跨界的形式做直播

在当前社会，体验营销已经成为连接企业与消费者的重要桥梁，而所有的体验营销都源自生活的真实场景。这些营销活动正是因为紧贴生活的脉搏，才能够触动人心，引发共鸣。人们可以从如可口可乐、麦当劳这样的大品牌中看到，它们利用艺术的手法进行营销，既增强了品牌形象，也成功地俘获了消费者的心。在直播成为一种流行趋势的当下，将艺术元素融入直播，为观众提供独特的艺术体验，显然成了一种创新而有效的营销手段。

通过艺术化的直播形式，消费者的品牌体验可以被极大地丰富和提升。他们不再仅仅是在观看一场关于产品的简单展示，而是在品牌的引领下，体验到艺术的深度和广度，这种体验上的升华可以让品牌形象在消费者心中留下深刻的印象。为了实现这一效果，企业可以考虑邀请具有一定影响力的艺术家参与直播，创造出独一无二的艺术直播场景。这些艺术家不必非常知名，但必须拥有足够的吸引力和影响力，并且其艺术风格要与目标受众的喜好相匹配。例如，面向追求潮流与新奇的年轻人群，企业可以邀请街头艺术家或是具有独特视角的年轻设计师参与直播，将艺术表演与产品展示巧妙结合，模糊艺术与商业的边界，为用户呈现出一个充满艺术感和创意的直播盛宴。

艺术与直播的跨界合作，能够为观众带来全新的视觉与心灵享受，让品牌和产品的传播更加生动有趣，并赋予产品以更深层次的文化价值。通过艺术家的参与，直播不再局限于简单的商品展示和销售，而是变成了一场文化和艺术的盛宴，让观众在享受艺术魅力的同时，能更加深入地理解和认识到企业及其产品背后的文化和理念。

六、邀请用户参与直播，形成良性互动

（一）企业有奖邀请用户参与直播

为了吸引用户深度参与直播活动，企业可以设计创新的互动形式和奖励机制，以提升直播的吸引力和观众参与度。企业可以举办奖品很具吸引力的有奖活动，如设置丰厚的奖品，通过抽奖或任务挑战的形式激励用户参与直播，促进用户的积极参与，提升直播的宣传效果。例如，企业可以在直播中设置观看挑战、互动问答等环节，通过奖励用户的优质内容或互动表现，增加直播的趣味性和互动性。这样的奖励机制需要企业提供有分量的奖品，如限量产品、专属优惠等，以确保能够真正激发用户的参与热情。

（二）让用户参与直播环节，产生高能互动

企业可以通过设计创新的直播环节，使用户成为直播的一部分，从而提升其直播体验的参与感和互动性。例如，企业可以邀请用户通过视频连线参与直播，分享自己的使用心得或提出问题，让直播变成一个真正的双向交流平台。企业还可以利用虚拟现实（VR）技术，创造沉浸式体验环境，让用户在虚拟空间中与主播和其他观众进行互动，体验产品的应用场景。这种高度互动的直播方式，能够提升用户的观看体验，加深用户对品牌和产品的认知和好感。

在实施这些直播营销策略时，企业需要确保活动的设计和实施符合相关法律法规和平台规则，避免触碰红线。企业还应该充分利用社交媒体和网络平台的力量，通过话题营销、KOL 合作等方式，扩大直播活动的影响力，吸引更多的目标用户参与。

第四节　直播营销的传播与发酵

一、直播营销传播计划

在直播的热潮中，一场直播的落幕并不意味着营销活动的结束，反而是开启后续传播的序幕。为了直播效果的最大化，企业的新媒体团队必须跨越直播平台的边界，借助微博、微信、论坛等多元化平台，进行全方位的宣传推广。直播结束后，团队应将直播的亮点、幕后花絮、观众反馈等内容通过图片、文字、视频等多样化形式进行再创作和分享，这能够有效延伸直播的影响力。

直播活动的传播计划主要包含三个部分，即确定目标、选择形式和组合媒体，如图 6-3 所示。

| 1 | 2 | 3 |
| 确定目标 | 选择形式 | 组合媒体 |

图 6-3　传播计划

在开展后续传播之前，企业需要明确传播目标，这是直播后工作的出发点，也是确保传播效果的关键。传播目标应与企业的整体营销目标紧密相关，无论是增加销量、提高品牌知名度、增强品牌美誉度还是提升消费者的品牌忠诚度，都需要有明确的指向性。接下来，选择恰当的传播形式是赢得网友注意的关键。视频、软文、表情包等多种形式各具特色，可以单独使用，也可以灵活组合，如"视频＋表情包"或"软文＋表情包"等形式，可以以更丰富、互相补充的方式吸引用户关注。确定了传播形式后，选择合适的媒体平台进行内容推广是接下来的重要步骤。不同的内容形式对应不同的传播平台，如视频内容更适合于视频分享平台和社交媒体，而软文则可以在企业官网、新闻发布平台等平台进行推广。组合多样的媒体资源，能够实现更广泛的覆盖和更高效的传播。在制订完善的传播计划后，企业新媒体团队还需将工作任务细化到每个人，明确各自的责任和执行时间点，并通过制订详细的工作流程和时间表来确保每一步骤都能有序推进，保证传播活动的有序进行，最大限度地提升直播活动的整体效果。

二、直播视频剪辑

直播营销作为新兴的互动平台，吸引了大量网友的目光。然而，直播的即时性也导致错过直播时段的观众无法实时参与，因此，直播结束后的内容整理与再传播显得尤为关键。为了让更多未能实时观看的观众也能分享到直播的精彩内容，企业新媒体团队需实施有效的视频传播策略，将直播内容以视频形式传达给更广泛的受众。

（一）思路确定

在直播活动结束后，企业新媒体团队需根据直播内容的性质与特点，确定视频的传播思路。通常有三种策略：全程录播、浓缩摘要和片段截取。企业应针对不同的直播内容和观众需求，选择最合适的视频编辑和传播方式。

（1）对于时间较短且内容紧凑的直播，全程录播是最佳选择。这种方式可以让未及时观看直播的观众完整体验直播的全过程，不错过任何精彩瞬间。可以添加简洁的片头和片尾，对直播的主题和嘉宾进行介绍，使观众能快速了解直播的背景和内容。

（2）对于时长较长、中间包含大量等待或填充内容的直播，采取浓缩摘要的方式更为合适。团队可以编辑精简直播的主要内容和精彩瞬间，辅以旁白解说，制作出类似电视新闻报道的集锦视频。这既能够突出直播的重点，还能将之以更加高效的方式传递给观众，增加观看的便捷性和趣味性。

（3）对于那些整体特色不明显，但包含若干亮点和有趣片段的直播，片段截取则是最佳策略。选取直播中的高光时刻，如触动人心的瞬间、幽默搞笑的片段等，进行剪辑和重组，制作一系列短小精悍的视频，可以既保留直播的精华，又易于观众在社交网络上进行分享和传播。

（二）视频制作

视频制作技术已经变得越来越便捷，手机端就有许多用户友好的视频编辑应用程序，如剪萌和快手，它们提供了直观的操作界面和丰富的编辑功能，使用户即使没有学习过专业的视频制作，也能轻松地剪辑自己的视频，为其添加特效和背景音乐，从而制作出富有创意和吸引力的内容。PC端的视频处理，则可以选择如格式工厂、爱剪辑等软件，这些工具支持视频剪辑、合并、添加字幕等基本功能，还能进行视频格式转换，确保视频内容能在不同平台上顺畅播放。利用这些工具，即便是直播后的视频内容也能在经过精心编辑之后，被转化为具有高观赏性和传播力的短视频，进一步拓展直播的影响力和覆盖范围。

（三）视频上传

视频内容的分发是连接企业与潜在客户的重要桥梁，完成精心制作的视频后，接下来的步骤便是选择合适的平台进行上传和分享。中国视频分享平台众多，如优酷、爱奇艺、搜狐视频、腾讯视频等，每个平台都有其特色和目标受众，企业应根据自身的品牌定位和目标受众选择最合适的平台。上传视频前，务必详细了解各平台对视频内容的格式、尺寸、清晰度及其他方面的可能的限制要求，如视频长度限制、必须遵循的版权指南等，确保视频能顺利发布并触达预期的观众。

就目前来看，各大视频网站对上传视频有着不同的规则限制，如表6-1所示。

表 6-1　各大视频网站对视频的规则限制

网站名称	格式要求	大小限制 /GB	时长限制 /s
优酷	wm、avi、dat、rm、rmvb、3gp 等	≤ 15	≥ 15
爱奇艺	avi、f4v、wmv、asf、rmvb、mpeg 等	≤ 10	≥ 3
搜狐视频	asf、rm、rmvb、mpeg、mod 等	≤ 2	≥ 3
腾讯视频	mp4、flv、f4v、m4v、mov、3gp 等	≤ 4	≥ 1

（四）视频推广

（1）针对视频网站的推荐机制，企业需与平台建立良好的沟通渠道。这一过程，了解各大视频平台的推荐算法和规则是关键，包括但不限于视频的质量、观看时长、互动量等方面的规则。优化视频内容，确保其符合推荐规则，并主动申请视频推荐位置，可大幅提高视频曝光率。例如，企业可以设计高质量的视频封面、精准的标签和吸引人的标题，以适应平台的推荐算法。

（2）主动搜索是连接视频内容与潜在观众的重要桥梁。优化视频的SEO（search engine optimization 搜索引擎优化），可使其在搜索引擎和视频平台的搜索结果中获得更高的排名。这需要团队精心挑选与直播内容高度相关的关键词，并将这些关键词巧妙地融入视频标题、描述和标签中。例如，如果是一场关于最新科技产品的直播，企业可以在标题和描述中加入"最新科技趋势""科技产品推荐"等关键词，以吸引对此感兴趣的观众。

（3）自媒体平台的推广是提高视频内容传播效率的有效手段。通过在微信公众号、微博、知乎等平台上发布直播回顾和精彩片段，企业能够吸引未能实时观看直播的用户，还能加深用户对品牌的认知和好感。

在这些平台的文章或帖子中直接附上直播视频的链接，能有效吸引流量，并促进观众之间的互动和讨论。

三、直播软文撰写

在数字时代，企业的营销策略不断演进，尤其是在完成重大活动如产品发布、周年庆典或特殊促销活动后，媒体宣传成为提高品牌知名度的关键步骤。传统的电视报道、报纸宣传逐渐给位于网络新闻和社交媒体的动态互动，给网友提供了更广阔的选择空间。在这样的背景下，软文宣传以其亲民和易于传播的特性，成为企业推广活动的优选方式。

为了更有效地触及不同人群，直播活动的软文宣传策略应包含行业资讯、观点提炼、主播经历、观众体验和运营心得等多方面内容。

（一）行业资讯

针对专业主题，如新闻发布会或者行业峰会的直播活动，企业在活动结束后的传播策略尤为关键。行业资讯类的软文，作为这一策略的重要组成部分，其目标读者的定位应是紧密关注行业发展趋势的专业人士群体。将直播内容从"行业新闻动态"或"重大行业事件"等角度整合并发布到各大网络平台，能有效拓宽信息的接触范围，也能吸引更多专业人士的目光。即便是那些未能实时观看直播的观众，通过后续的行业资讯传播也能全面了解活动亮点和行业新动态，进而实现信息的最大程度覆盖和品牌影响力的深化。

（二）观点提炼

这类软文提炼了直播中的关键信息和观点，并将之以简明扼要的形式向读者传达，极大地满足了读者快速消费信息的需求。企业通过直播展示的新技术革新、领导层的未来愿景以及团队的最新进展情况等，都可以成为软文的重点内容。

（三）主播经历

主播根据亲身经历而撰写的软文，可以为读者提供一个全新的视角以了解直播背后的故事。这种类型的软文，以第一人称的形式展现主播在直播过程中的所思所感，如何准备直播、直播中遇到的挑战和趣事以及直播后的反思等，都可以成为内容的一部分。叙述性的方式增加了文章的真实性和亲和力，还能够让读者感受到主播与企业品牌之间的密切关系。而且在这些生动的故事中可以巧妙地融入企业的信息和产品介绍，既不会让读者感到突兀，又能有效地传达企业的市场信息。

（四）观众体验

观众体验型软文通过第三方视角呈现直播活动，为读者提供了一种更自由、更吸引人的叙述方式。例如，在一次户外探险直播之后，区别于主办方和主播的官方叙述，观众可以用更贴近生活、更有趣的方式来分享他们的体验。他们可能会描述自己如何被美丽的风景吸引而忽略了主播的讲解，或者将这场直播比作一次移动的喜剧演出。

（五）运营心得

运营心得型软文通过揭示直播活动背后的筹备和思考过程，为直播行业的从业者和企业策划人员提供宝贵的经验和见解。这类文章可能会围绕主题如"策划一场直播背后的故事"或"如何成功组织一场吸引万人观看的直播"而展开，分享直播筹备的策略、挑战及解决方案，旨在介绍组织者面对直播挑战时所采用的创造性解决办法，以及如何通过实践不断优化直播内容和形式，使其更加吸引观众。

四、直播粉丝维护

在直播的精彩时刻，主办方有机会通过直播界面的互动功能或主播的口头提示，鼓励观众加入官方粉丝群。共同观赏直播、互动弹幕的观众因有着相似的体验，易于在群组中找到共鸣，从而与主播或品牌建立更深的连接。直播落幕后，主办方的任务转向维持粉丝群的持续活跃和日常维护，通过精心策划的线上互动、更新分享、直播后续参与机会，以及组织独有的线下聚会，主办方可以逐步将观众引导成为忠实的品牌支持者，这个过程是根据粉丝的忠诚度逐层递进的，如图6-4所示。这种粉丝群体的维护策略，旨在深化观众与品牌的互动关系，通过一系列有组织的活动，加强观众的品牌忠诚度。从观众到粉丝，再到最终的忠实客户，每一步的转化都需要主办方的努力与创意。

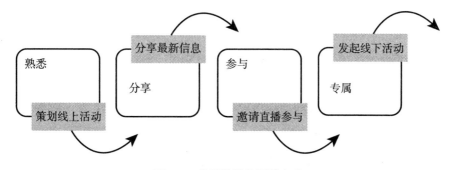

图6-4　分析维护的四种方式

在粉丝社群初步建立之际，新媒体团队需致力组织一系列的线上活动来提高成员间的熟悉度。随后，团队应定时向群内成员提供独家信息，如最新的促销和优惠消息，确保粉丝能够第一时间获得这些福利。进一步地，团队可以通过定期邀请粉丝参加未来的直播活动，增强他们的参与感和归属感。最后，团队可以通过安排实体聚会等线下活动，促进线上互动向线下交流的转变，加深粉丝之间以及粉丝与品牌之间的联系。

（一）策划线上活动

对直播营销来说，线上活动具有无可比拟的优势，它不受地理位置和天气的约束，可以迅速聚集大量粉丝。为了持续吸引粉丝的关注，运营者应为线上活动设定一种常规机制，如每月或每季度定期举办，内容可以多样化，包括在线问答、有奖竞猜、主题讨论等，既能丰富粉丝的体验，又能增强粉丝与品牌的互动性。

（二）分享最新信息

在维护直播粉丝群时，创造一个既有趣又充满活力的环境至关重要。为了避免粉丝群变成广告发布的平台，运营者需要以更加友好和互动性更强的方式分享企业的最新信息，包括提供专属优惠和促销信息，以及进行新产品的预告或特别活动的邀请。例如，企业可以在粉丝群提供专属折扣链接、新品试用机会、限时红包口令等，以提高粉丝的参与感，提升他们对品牌的好感。

（三）邀请直播参与

加强粉丝群的参与度最直接的方式就是将粉丝参与列为直播的策划和执行过程中的一部分，如邀请他们作为直播的"幕后顾问"，参与直播内容的设计和策划。这种做法能减轻企业的运营负担，还能让粉丝感受到自己对品牌有实质性的贡献，提升他们的忠诚度。此外，运营者可以在直播中安排专门的环节，让粉丝现场提问或互动，进一步增强直播的吸引力和参与度。

（四）专属线下活动

实践中，线下聚会让长期在线上交流的粉丝有机会互相见面，共同分享他们对品牌的热爱和对产品的见解。在这些聚会中，品牌有机会直接收集来自粉丝的反馈和建议，并通过提供试用新产品的方式，及时获得宝贵的用户体验反馈。

例如，自 2011 年起，小米公司便开始举办年度"爆米花年度盛典"，并邀请全国各地的"米粉"来到北京共襄盛举，这场活动不只是一场简单的聚会，还是一个充满活力的庆典，小米的创始人和高管们与粉丝近距离互动，一起享受定制的爆米花，参与互动游戏，共同创造难忘的记忆。活动中，小米公司通过组织红地毯仪式和颁发"金米兔"奖杯，表彰在社区中有突出贡献的"米粉"，使"米粉"社区中涌现了属于他们自己的明星。

　　这样的线上线下结合运营模式，让小米的粉丝群体不再被局限于网络空间，更能在现实世界中交际往来，增强了粉丝对品牌的忠诚度。小米微博和微信平台上的大量转发和好评，正是来自这样一群忠实的"米粉"，他们既热衷于参与小米的活动，还会自发地帮助小米进行品牌传播。小米能够建立起如此高度忠诚的粉丝基础，应归功于其深入人心的线下活动和精细化的粉丝运营策略。

第七章 短视频营销：引爆内容热点

第一节 短视频营销概述

一、短视频营销的内涵

短视频营销作为当下内容营销的重要形式，通过精练而富有吸引力的视频内容传递信息，可以直接触达目标消费群体，促进品牌认知度的提升与交易的转化。在这个自媒体蓬勃发展的时代，高质量的原创短视频如同病毒般迅速传播，成为吸引用户眼球的重要手段。相较于传统的文字营销，短视频以其生动形象的特点，更能够直接有效地展示产品特性和品牌价值，尤其在移动互联网技术飞速发展的背景下，视频营销凭借流量的红利，迅速成为品牌传播的新风口。

随着智能设备的广泛普及和网络技术的快速进步，尤其是在移动端的视频化、社交化趋势的推动下，短视频营销逐渐成为品牌营销的新战场。资本市场对此反应积极，众多互联网巨头，如今日头条、网易云音乐等纷纷进军短视频领域，掀起了一波短视频营销的热潮。

二、短视频营销的策略

（一）挖掘自身特点，丰富营销内容体验

观众在观看广告后，往往会主动搜索更多的相关信息，这要求广告内容既要能准确展现产品特色，还应与短视频的轻松娱乐特性相契合。采用幽默、潮流、青春的主题风格，能有效传达品牌和产品的核心价值及其所代表的生活方式信息，并在情感和调性上触动潜在消费者的心弦。

在广告形式的选择上，面对互联网海量而不等质的营销信息，选择与短视频特性相符的广告形式至关重要。短视频广告、信息流广告、激励广告等形式，既贴合短视频产品的本质，更能引起用户的兴趣和参与，特别是创意独特、互动性强的广告内容，如设计激励机制促使用户参与或在信息流中巧妙植入广告，能够更加有效地引发用户的共鸣，增强其对品牌信息的记忆，进一步提升品牌在用户心中的印象深度。

（二）从渠道相适应程度与下载需求满足入手

在挑选短视频营销的渠道时，企业需深入分析短视频产品的核心特性，并据此选定最优的营销路径。根据市场调查，社交平台紧随短视频产品的官方网站之后，是用户偏好的主要营销渠道之一。鉴于短视频本身就有强烈的社交性质，能够轻松融入用户的社交圈，借助社交平台的互动传播特性，强化在社交媒体上的推广活动，能够有效提升营销的成效，满足用户对互动及社交化内容的需求。另外，随着移动应用市场的逐步成熟和用户对应用商店信任度的提升，App Store 及各大手机品牌的应用商店已成为用户下载短视频应用的首选途径，这些平台严格的应用审查流程提高了用户对所下载应用的信任度。

（三）注重触达后行为，优化引导下载

针对那些已经对产品产生兴趣或对品牌有一定了解的用户群体进行

精确的广告触达尤为关键。这为品牌提供了一条直接沟通的快捷路径，有效促进了用户从感知到行动的转变，特别是在提高下载转化率方面。为了达到这一过程的效率最大化，广告的投放不只要精准，还要注重优化用户的下载引导过程，确保用户能够在不感到被干扰的情况下，自主决定是否接受广告内容。具体而言，广告播放应当在不影响用户正常浏览体验的前提下进行，如设置容易识别的广告关闭按钮，将广告以较为微妙的方式展现，如在屏幕底部轻微弹出，以及避免广告内容过多遮盖网页主要内容。这些做法都有助于保障用户体验。在引导用户下载的环节，采取简化的操作步骤，如提供一键式的二维码扫描下载、直接跳转至应用商店的链接等方式，可以有效减少用户从感兴趣到实际下载的时间和步骤，优化整个下载引导流程，提升用户转化效率。

（四）注重用户信心与消费习惯的培养

在当前的短视频营销浪潮中，内置电商正在成为一个重要的转化途径，可以逐渐将用户的关注转变为实际的消费行为。然而，最新的市场调查显示，用户对短视频平台内置电商的信赖程度尚在培养阶段，具体表现在，虽然大多数用户在观看短视频时愿意点击相关商品和店铺链接，但他们更倾向于跳转至外部电商平台进行实际购买，只有不到一半的用户选择通过短视频平台，如抖音的商品橱窗或快手小店等内置电商功能直接购买。

这一现象揭示了一个核心问题：短视频平台的内置电商尚不能充分赢得用户的信任和依赖。这导致平台难以在商品销售中获得应有的利润。为此，短视频平台需要采取切实有效的措施来提升用户的信心，如提供更加透明的商品信息、加强商品质量控制、优化购物流程等，提高用户在平台内置电商购物的体验。平台还需要通过营销活动和用户教育，逐步培养用户的消费习惯，让他们意识到在短视频平台内部完成购买既便捷又安全，进而增加内置电商的转化率和用户黏性。

（五）捕捉用户产品使用需求高峰，实现定向补给

在用户产品使用的需求高峰期，如睡前、通勤或休息间隙，进行精准的广告投放，是触达潜在消费者并提升转化效率的关键。在这些时段，用户对短视频内容的需求明显增强，主要需要放松和娱乐，这也是企业通过短视频进行营销的黄金时机。为了更有效地捕捉并满足用户的产品使用需求，企业应该深入分析用户的行为习惯，定位最具潜力的时段进行有针对性的内容推送。通过分析用户在特定时间段的消费偏好，企业可以开发出更加贴合用户需求的内容，提高用户的参与度和互动性。例如，晚间可能是用户寻求放松和消遣的时刻，此时发布与休闲娱乐相关的产品广告，更有可能引起用户的兴趣和点击。而在通勤时间，提供一些能够快速使其消费的信息或产品推介，也能有效提升用户的关注度。

第二节　短视频的内容策划

一、短视频内容定位

（一）短视频内容的方向

成功吸引粉丝和获得点赞的关键在于创作者的自我评估，创作者应识别并发挥自己的强项和特长。通过这种自我认知，创作者能够确定内容创作的准确方向，依据个人的兴趣和能力进行内容规划。在探索和利用个人优势的过程中，创作者可以从多个角度入手，确保内容既展现个人特色，又能引起目标观众的共鸣。

1.探索被赞誉的技艺

每个人都有让他人印象深刻的时刻，可能是烹饪技巧令人称赞，或是歌声能够触动人心，抑或手中的手工艺品栩栩如生、生动传神。这些被他人频繁赞赏的技艺既是创作者的优势，更是创作者在内容创作中可以依托的独特卖点。将这些技艺转化为短视频内容，能够展示创作者的专长，还能够吸引对这些领域感兴趣的观众，建立起独特风格和观众基础。

2. 发掘学习与应用的天赋

人们往往会在自己最擅长的领域里，展现出超越常人的学习速度和应用能力。这种天赋可能是在某个领域的学习效率远高于他人，或是在实践中能够快速掌握并优化技能。这类隐性的优势，虽然不像直接的技艺那样显眼，但它们在长期的学习和创作过程中能够为创作者带来持续的成长和突破。识别并利用这些优势，可以帮助创作者在短视频内容创作上快速进步，找到新的表达方式和创意点。

3. 定位最为投入的领域

即便没有显著的特长或技能，每个人也总会有几件事是做得最为投入和专注的，可能是一项日常爱好，或是一种无法放下的创作活动，当全身心投入时，时间仿佛停止了流动。这种情感的投入和专注力，本身就是一种强大的力量，能够激发出无限的创造力和独特性。通过深入挖掘并呈现出这种专注的过程和成果，创作的短视频内容将能够传递出真正的热情和魅力，吸引那些分享相同兴趣的观众。

4. 丰富自己的经验积累

个人经历和经验积累是创作者最宝贵的资产之一，这些经验是个人成长的见证，也是他们区别于他人的独特优势。例如，一位经历过育儿旅程的妈妈，有对婴幼儿护理的深刻理解；成功走过减重之路的人可以分享健康饮食和有效锻炼方法；经历过商业起伏、最终成功创业的商人，对风险评估和市场洞察往往有精准把握。这些丰富的经验能够为广大观众提供实用的建议和启发，还能够在某种程度上激励他们面对自身的挑战。因此，将这些个人经验和成功案例转化为短视频内容，可以帮助观众获得有价值的信息和灵感，也能够增强创作者与观众之间的情感连接，建立起信任和认同感。

短视频内容的创作除需要深挖个人经验外，还需考虑内容与特定行业属性的契合度。当内容创作与行业需求高度一致时，创作者才能更有效地吸引目标观众，进而提高内容的影响力和吸引力。例如，在服装行业中，分享穿搭技巧、时尚趋势解读、服饰搭配建议等内容，能够直接吸引对时尚感兴趣的观众群体。创作者可以根据自己的专业领域和兴趣，如女装、男装或儿童服饰等，精准定位内容方向，提供更有价值和吸引力的信息。

（二）短视频内容的人物设定

在当今短视频内容泛滥的时代，如何让自己的作品从众多创作中脱颖而出，成为观众心中难以忘怀的存在，是每位创作者所必须面对的挑战。关键在于如何构建一个具有个性和辨识度的人物形象，即所谓的"人设"，使其成为联结观众与内容的桥梁。人格化的呈现可以增强作品的吸引力，还能深化观众对创作者的认识和记忆，有利于创作者建立起稳固的粉丝基础。具体策略的实施步骤如下。

一是创作者需要精心打造一个具有高辨识度的账号名称，这一点至关重要，因为人们往往通过名称来寻找和回忆一个账号。一个好的名称应当能够反映创作者的个性或作品的核心内容，让人一望即知。例如，若创作者主打美食内容，那么其账号名称可以巧妙结合"美食"与个人特色，如"美食探险家"或"味蕾旅行者"，这样的名称既具有较强的个性化特征，也能让观众一眼就与美食内容联系起来。

二是精心设计的短视频开场要能够有效吸引观众的注意力，并引导他们进入视频内容。开场可以是一段有趣的自我介绍，或是一个引人入胜的故事开头，配合独特的背景音乐、特效和画面，构建出独特的视听体验。这样的开场能够激发观众的好奇心，还能够在短时间内展现出创作者的人设特色，给观众留下深刻印象。

三是保持短视频内容风格与人设的一致性是构建稳定人设的关键。无论是通过言语、行为还是视觉元素，创作者都需要确保每一部作品都能反映出其独特的个性和风格，这种一致性有助于加深观众对账号的印象，使其形成稳定的观看习惯。例如，如果创作者以幽默诙谐的风格著称，那么无论是讲解科学知识还是分享日常生活，都应贯彻这一风格，使观众能够在每一个视频中都感受到创作者的鲜明特色。

二、短视频用户需求

为了有效地定位短视频的观众群体，创作者首先需要清晰界定其内容的受众对象。这涉及理解短视频旨在吸引的主要观看者，即当前的观众，以及未来可能感兴趣的潜在观众。此外，深入了解这些观众真正在寻求的内容和他们面临的问题是关键，通过识别并解决这些"痛点"，创作者能够制作出既满足观众欲望，又能够满足他们内心需求的短视频。

（一）勾画目标用户画像

构建目标观众的详细档案这一过程被称为用户画像的创建，涉及收集和分析有关潜在观众的各种信息，包括他们的兴趣、行为习惯以及对不同内容的偏好。通过这种方式，创作者能够形成一个清晰的观众模型，这个模型以标签形式展示了观众的特点和需求。例如，在短视频平台上，观众群体的兴趣范围可能十分广泛，从美食探索、职场技巧、旅游冒险到特定才艺展示、美容护肤，甚至是萌宠趣事，各种垂直领域的创作者都拥有自己的忠实粉丝。内容创作者需要仔细分析并确定自己的品牌或个人 IP 所吸引的特定用户群体，如根据性别和年龄段的不同，用户的兴趣也会有显著差异：男性可能更偏爱游戏和汽车相关内容，而女性观众则可能对美容、母婴护理和时尚搭配更感兴趣。不同年龄段的用户，如"00 后""90 后"和"80 后"，他们的兴趣点也会有所不同，分别可能倾向于最新电子产品、流行时尚、影视娱乐、母婴护理或美食等领域。

通过精准绘制目标用户画像，创作者可以深入理解观众的偏好，还能够发现并满足他们的具体需求，这种深度的用户理解使创作者能够制作出更有针对性、更容易引起共鸣的内容。如果目标是吸引对美食感兴趣的观众，那么内容创作就应该围绕独特的食谱、餐厅探店或家常菜制作技巧而展开；同样，如果目标观众群体对旅游和冒险充满热情，那么视频就应该展示令人兴奋的旅行目的地、探险活动或文化体验。

（二）挖掘目标用户人群的痛点

痛点，简而言之，是用户深感困扰且迫切希望解决的问题。成功触及这些痛点的内容能够吸引观众，还能激发强烈的共鸣和忠诚度。为了有效挖掘和利用这些痛点，内容创作者可以从以下几个角度入手。

1. 深度挖掘：用户的根本需求

创作者需要深入探究用户的基本需求，这种需求往往是多层次的，包含了用户的深层心理和情感诉求。例如，在美食领域，表面上用户的需求似乎是发现新的美食或学习新的烹饪技巧，但他们更深层的需求可能是寻求与家人朋友的情感连接，或是对生活品质的追求。所以，创作者可以通过展示家庭聚餐的温馨场景或介绍如何通过简单的烹饪技巧提升生活质量，来触及这一层次的需求。

2. 细分策略：精确识别痛点

细分用户群体和痛点至关重要。通过将用户群体按照兴趣、年龄、职业等标准进行分类，创作者可以更精确地识别各个子群体的独特需求。例如，在摄影领域，不同的用户可能对纪实摄影、风光摄影或人像摄影有不同的偏好。进一步细分，针对对人像摄影感兴趣的用户，创作者可以根据他们对婚纱摄影、个人写真或儿童摄影的兴趣进行更精确的内容定制。这种细分策略能够帮助创作者更准确地针对用户的具体需求，制作出更具针对性的内容。

3. 强度分析：优先解决高强度痛点

高强度痛点通常是用户最迫切需要解决的问题，他们可能会积极寻找解决方案，甚至愿意为此支付费用。创作者可以通过直接与用户互动、分析用户反馈和评论，或利用社交媒体和论坛等平台进行市场调研，来发现这些痛点。例如，在职场技能提升领域，用户可能迫切需要解决的高强度痛点是如何有效提升公众演讲技巧，或如何快速掌握新的工作技能等。针对这些痛点制作内容，能够迅速吸引目标用户群体的注意，还能够建立品牌或个人 IP 的权威性和可信度。

4. 结合实例

以美食探店类短视频为例，创作者可以通过展示地域特色美食，解决用户"想吃又不知道吃什么"的痛点，同时深入挖掘，如通过介绍美食背后的文化故事，满足用户对文化探索和生活品质提升的深层需求。在职场技能提升方面，制作针对特定职业技能培训的视频内容，如"五分钟学会基本的 Excel 技巧"，可以直接解决用户在工作中遇到的实际问题，满足他们提升工作效率和职业发展的迫切需求。

三、短视频内容策划原则

就现阶段来看，用户对短视频的质量要求越来越高，对此，创作者必须遵循一定的原则，以保证短视频的质量，提高创作的短视频成为爆款的可能性。具体来说，至少应遵循以下三个原则，如图 7-1 所示。

娱乐性原则

价值性原则

情感性原则

图 7-1　短视频内容策划的原则

（一）娱乐性原则

娱乐性原则强调短视频内容应充满幽默与乐观精神，向观众展示一种积极的生活态度。在如今节奏紧张的生活中，充满趣味的短视频作品是人们抗压解压的良方，占据了短视频平台的热门榜单。这种趋势揭示了一个事实：人们渴望通过轻松愉快的内容来短暂逃离现实的忙碌与压力。由此可见，创作兼具娱乐价值的短视频是吸引观众的重要策略。无论是富有幽默的小品，还是融入趣味元素的知识分享，它们都能够让观众在愉悦中放松身心。值得注意的是，不只是娱乐类内容，即便是教育性质的视频，也在寻求通过幽默和创意的方式，让学习变得轻松有趣，这正体现了在当下视频内容创作中，娱乐性原则被广泛应用的现状和重要性。

（二）价值性原则

在制作短视频时，追求内容的价值性绝不是一个选项，而是一项基本原则，这意味着，每一段视频都应该在观看后给予观众某种形式上的收益，不论是知识上的充实，技能的提升，还是对生活的新鲜认识。随着短视频平台的普及，越来越多的内容创作者开始专注于传递有深度的信息，以满足广大用户不断增长的求知需求。这部分内容创作者被称为知识分享的先驱者，他们既拥有丰富的知识储备，还具备简化传达复杂信息的能力，可以成功地将知识普及化，让广大用户在轻松愉悦的氛围中学到真正有用的东西。

如今的短视频不再局限于娱乐和消遣内容，而成了知识传播的新阵地，实现了从精英到大众的知识传递。短视频以其独特的形式，打破了传统学习的时间和空间限制，使学习变得更加灵活便捷。内容创作者在这个过程中起到了至关重要的作用，他们既要确保内容的实用性，帮助用户解决实际问题，还需保证内容的专业性，确保信息准确无误。另外，他们还需注重内容的表达方式，采用深入浅出的方法，使复杂的知识点变得易于理解。

（三）情感性原则

建立情感连接是短视频内容吸引用户的重要方式，具有深刻情感的视频内容，无论是温馨感人、令人捧腹的幽默，还是鼓舞人心的励志故事，都能够触动人心，引起观众的情感共鸣。情感的触动能够拉近用户与内容创作者之间的距离，让视频在社交网络上获得更广泛的传播。对此，内容创作者在策划和拍摄短视频时，应深入挖掘内容背后的情感价值，真实地表达人类共通的情感体验。通过情感的力量，短视频既能传递信息，又可作为传递温暖、分享快乐、传播正能量的桥梁。

四、短视频团队搭建

（一）导演

作为短视频创作的核心领导，导演承担着项目的全面责任，要对从创意构思到最终成品的呈现各个环节负责。这一角色不只是艺术与技术的整合者，更是团队精神的化身，可以确保每一步工作的高效协调与执行。具体而言，导演职责如下。

（1）导演需深入挖掘和筛选主题，包括敏锐地识别和整合可用素材与故事线，为项目的启动铺平道路。这一阶段，导演要展现出对内容的敏感度，还要具备出色的前期规划能力。

（2）在项目推进过程中，导演的角色转变为一个协调者和沟通者，其任务是确保内外部团队成员之间保持开放和有效的沟通，协同作战，以顺利推动项目向前发展。

（3）在技术层面，导演直接参与短视频的剪辑、后期调色和包装工作，这不仅要求其具备专业的技能，还要求其有艺术审美和创新能力，确保作品有一定的视觉效果和艺术表现力。

（4）导演还需全程参与监督短视频的制作流程，从内容构思到最终成品的输出，确保每一环节都达到预期的质量标准，对整体内容的品质负责。

（5）面对市场的变化和用户需求的更新，导演需要不断地进行内容创新，这要求其具备敏锐的市场洞察力，要有持续创新的意识和能力，能够引领团队不断探索新的创作方向。

（二）编剧/策划

编剧/策划是短视频项目中至关重要的创意源头和故事构建者，主要职责围绕着短视频的内容创意、故事线的开发以及人物设定而展开。

这一角色承担了将创意思维转化为具体可视化内容的任务，确保短视频内容既吸引人又具备深度。具体来说职责如下。

（1）他们需要深刻理解市场趋势和目标观众的偏好，并基于此开展创意策划，提出与众不同且富有吸引力的短视频概念和剧本。这包括对话题的敏感把握、独到的视角提炼，以及创新性的故事构思。

（2）编剧／策划需具备出色的文案能力，能够独立完成剧本的撰写，包括但不限于情节发展、人物对白以及场景描述等内容，并应确保故事的连贯性和观看的流畅性。

（3）在拍摄和制作过程中，编剧／策划还需要与导演、摄影师等团队成员紧密合作，确保剧本的精准执行，并提供关于拍摄素材的专业意见，指导后期的剪辑方向，以及参与调整视频的呈现效果，确保最终产品忠实于原初创意。

（4）对视频的视觉元素，如色彩、构图及镜头运用，编剧应有独到见解，应参与视频的视觉设计，包括片头、片尾等元素的创意与实现，提升视频的整体美感和观看体验。

（三）演员

演员在短视频制作中通过自身的表演将剧本中的角色生动地呈现给观众。无论是歌唱、舞蹈还是其他特殊才艺，都是演员表达角色情感和故事情节的重要手段。在短视频的多元化内容中，演员需要准确把握角色性格和剧情需求，以适应不同风格的表演。

在不同类型的短视频中，演员的表演风格和技巧要求有所不同。例如，在脱口秀风格的视频中，演员需要通过夸张的表情和动作，以幽默诙谐的方式传达内容，营造轻松愉快的观看氛围。而在讲述故事的视频中，演员则需使用精准的肢体语言和丰富的表情变化，展现角色的情感深度，使观众能够深入理解故事背后的含义。在展示美食的短视频中，演员需要通过自然而真实的表演，传递食物的魅力和诱人的风味，使观众能够感受到美食带来的视觉和味觉双重享受。而生活技巧、科技数码等主题的视频，虽然对演技的要求相对较低，但演员仍需通过清晰的演示和简洁的语言，有效地传达实用信息或技术特点，帮助观众获得有价值的知识或生活灵感。

（四）摄像师

摄像师是通过镜头语言将故事和情感传递给观众的艺术家。一个优秀的摄像师能够充分理解导演和编剧的创意意图，并通过专业的摄影技巧，将这些创意转化为具有视觉冲击力并能唤起情感共鸣的画面。因此，他们的专业技能和艺术感知力能直接影响到短视频的最终呈现效果。

（1）摄像师需要具备深刻的镜头语言理解能力，他们不只是执行拍摄任务的技术人员，更是能够准确把握脚本中的情感和故事线，通过镜头的选取、角度、移动等方式，精准地表达出编剧和导演想要传达的情感和信息的创作者。

（2）摄像师需要掌握丰富的拍摄技术，包括但不限于各种镜头的使用技巧，如拉近、推远、平移、旋转、跟随等，以及对光线、色彩的敏感把握，这些都是摄像师展现其艺术才能的重要工具。通过灵活运用这些技术，摄像师可以创造出更加生动、丰富、有层次感的视觉效果，增强短视频的观看体验。

（3）摄像师应具备基本的视频剪辑能力，这些能力可以在拍摄过程中帮助摄像师更好地理解哪些内容是画面的重点，哪些可以作为补充材料，在后期剪辑时提供更多的创意可能性，使整个短视频作品更加完整、流畅。

（五）剪辑师

剪辑师通过对拍摄素材的精细筛选、调整和重组，赋予短视频新的生命。从一堆零散的画面和声音中，剪辑师能够创造出一个流畅、紧凑、具有吸引力的故事。这不仅需要技术的熟练运用，更需要对艺术的感知力和创造力。

（1）剪辑师的工作开始于对原始素材的全面审视。他们需要快速而准确地判断每一帧画面和每一段声音的价值，决定哪些是剧情发展的关键，哪些则可以舍弃。这一过程既考验剪辑师的专业知识水平，也考验他们对作品整体结构和节奏的把控能力。

（2）在素材筛选完成后，剪辑师要运用精确的剪辑技巧来构建故事，包括对画面动作的无缝连接，流畅和自然的转场，以及在恰当的时刻切换画面，以尽可能地让画面具备视觉和情感冲击力。例如，在篮球达到高点开始下落的瞬间切换画面，或在人物情绪转变的关键时刻进行剪辑，这些都是剪辑师通过技术手段加强画面表现力的例子。

（3）音乐和声效的选择和应用是剪辑师工作的另一个重要方面。合适的背景音乐和声效能够增强画面的情感表达，还能够帮助观众更好地沉浸在故事中。剪辑师需具备良好的音乐品位和敏感的听觉，以选取最适合视频情境的音乐和声效，无论是在紧张激烈的高潮场面还是在温馨感人的片段中，恰到好处的音乐都能让视频效果倍增。

（六）运营人员

运营人员担负着从精细化管理账号信息、定期更新内容，到监控并分析发布效果、增强用户参与度等多重职责。他们的工作不局限于内容的表层发布，更包括对数据的洞察与分析，以及基于这些分析的策略调整和优化。

一位杰出的短视频平台运营人员，必须具备高超的案例分析能力，这意味着他们要能够从市场上的成功案例中提取核心要素，并将这些要素创造性地融入自己的工作之中。此外，学习和创新能力也是此岗位的必备素质。随着短视频行业的快速变化，他们需要保持对新知识、新技术的敏锐洞察力，并能够灵活地将这些新知识应用于实际工作中，以保持竞争优势。除了专业技能，强大的自我调节能力同样不可或缺，短视频运营人员既要内部协调内容创作与策划，又要关注内容的推广和引流，这要求他们要能够有效地管理自己的工作节奏和情绪，确保在压力下也能保持清晰的思路和高效的工作效率。

运营人员的工作可以直接影响到短视频内容是否能够吸引用户的眼球，以及这些内容能否成功转化为商业价值。因此，运营人员必须对用户的需求保持高度敏感，通过深入分析用户的喜好、习惯和行为模式，制订更为精准的推广策略，进而在短视频的海洋中成功突围，实现品牌的声量提升和业务增长。

五、短视频脚本

虽然短视频的时长被限制在几秒至数分钟之间，但其制作的复杂程度却不亚于电影制作，每一帧都要经过精心构思与规划，核心依据即是脚本。脚本在戏剧表演和电影拍摄中扮演着至关重要的角色，为演员提供表演蓝图，而短视频脚本亦同，它能勾勒出短视频的故事轮廓，明确故事发展的关键节点，包括但不限于场景设置、时间背景、角色设定，以及角色之间的对话、动作和情感变化等信息。更进一步，脚本还需细致规划每个场景的视角、镜头运动及其旨在传达的核心信息，确保每个细节都有助于故事情节的推进和主题的深化。

在构思和编写短视频脚本时，应当注意以下几个要点。

（一）主题与情节构建

短视频脚本的灵魂在于其传达的核心信息，如描绘人与人之间的情感纽带——亲情、友情、爱情等。在脚本构思初期，创作者需明确一个宏观层面上的主题，并围绕此主题搭建故事框架。而情节，则是故事中冲突的产生、发展及其最终解决的过程，它是吸引观众眼球的关键。一个精彩的情节设计能够让短视频在极短的时间内抓住观众的注意力，让人产生共鸣。

（二）景别与镜头运用

景别的选择直接影响着故事的视觉呈现和情感深度。通过调整拍摄设备与拍摄对象之间的距离，不同的景别可以呈现出不同的视觉效果，进而增强故事的表现力。镜头的运动方式，如缓慢推进、快速切换、平移或旋转等，也是表达情感和加强剧情推进的有效手段。在脚本编写阶段，明确每个镜头的景别和运动方式，既有助于预设拍摄效果，还能在实际拍摄中提高效率。

（三）场景规划

场景是短视频故事发生的空间背景，精心设计场景设置，可以更好地展现故事内容并营造所需氛围。在编写脚本时，将故事内容按场景进行拆解和规划，既有助于清晰地呈现故事线索，还能在拍摄过程中实现资源的高效利用，节约成本和时间。

（四）台词设计

台词是角色性格和情感的直接体现，也是推动剧情发展的重要元素。在短视频中，由于时间限制，台词的设计需简洁有力，要能够快速传达信息和情感。撰写脚本时，应合理控制台词长度，避免信息过载，使每句话都能精准地服务于故事情节和角色塑造。

（五）时长控制

短视频的魅力在于"短"，如何在有限的时间内讲好一个故事，是脚本编写过程中的一大挑战。对每一个镜头的时长进行精确规划，能够确保故事内容的完整性和连贯性，还能在后期剪辑中提升工作效率。严格控制时长，可以确保短视频内容紧凑、表达高效，并且保留足够的信息量和情感深度。

第三节　短视频营销模式及应用

一、病毒式短视频营销

病毒式短视频营销是一种在网络环境下迅速盛行的营销策略，依托于病毒式传播的概念，这一策略高效地利用了公众的参与和广泛的社交网络，实现了营销信息的迅速扩散。正如彭兰在《网络传播概论》中所定义的，病毒式营销的核心在于使营销信息通过用户的积极分享，像病毒一样在人群中传播，快速地触达成千上万的受众。这种营销方式深刻依赖用户对信息的积极响应和传播欲望，是一种基于用户体验和口碑传播的营销形式，它通过激发观众的共鸣和参与感，实现信息的"二次传播"或多次传播，从而大幅提高营销效率。

在社交媒体平台上，病毒式短视频营销展现出以下特征。

（一）依赖口碑效应

用户在观看到有价值或引人注目的短视频后，会主动地进行评论、转发和分享，使视频内容实现自然而广泛的二次甚至多次传播。

（二）创意和吸引力

这是此类营销能够成功的关键，其中标题在这一过程中扮演着至关重要的角色。独特而引人入胜的视频标题是吸引用户点击和观看的第一个抓手，能有效地捕获用户的注意力。一个短小精悍的标题可以推动视频的初次曝光，也是触发病毒式传播的关键因素。

（三）网络广告的共性特点

病毒式短视频营销还具备网络广告的共性特点，如传播速度快、成本相对低廉、易于分享，以及能够覆盖较大的受众群体，这些特性使其成为当前数字营销领域中极具吸引力和效果的营销策略之一。

二、植入式短视频广告

随着现代媒介环境的演变，植入式广告已成为一种随影视、综艺、直播以及游戏产业发展而被广泛采用的营销手段，其隐蔽性和创新性使其在短视频市场中也占据了一席之地。所谓"植入式广告"，即将产品或服务的视觉和听觉标识巧妙融入视频内容中，通过这种方式，观众可以在享受故事或信息的同时，无形中接触到广告信息，从而对其产生深刻印象。根据植入的对象和方式的不同，这类广告可以分为道具植入、台词植入、剧情植入和场景植入等类别。而从植入的手法上看，这类广告又可以分为硬植入和软植入两种类型。前者方式直接，通常不顾及观众感受，可能会引发观众的反感；而后者则更为细腻，能够更好地融入内容，与观众建立更加和谐的关系。

在社交媒体平台，短视频因其传播速度快、形式多样而成为植入式广告的理想载体。这类广告在短视频中的隐蔽性，使广告信息的传递更为委婉、自然，有效避免了用户对直接广告的抵触心理。另外，由于短视频本身的传播特性——简短、高效、易分享，因此植入式广告能够快速触达广泛的受众。更重要的是，当植入式广告与短视频内容高度融合时，不会影响用户的观看体验，反而能够增加视频的吸引力，提高广告的到达率。用户在不经意间接受到的产品或服务信息，往往能更深刻地影响其消费决策。

三、短视频贴片广告

在当代的短视频中，贴片广告已成为一种不可或缺的商业模式。观众在点击播放短视频前往往需先观看一段广告内容，这种广告模式被概括地称为贴片广告，或"随片广告"。它不仅存在于现代的数字媒体中，还在传统的电视节目和电影放映中普遍存在。这种广告形式多样，包括视频广告、图像广告及动态图广告等，可适应不同的传播需求和观众偏好。在社交媒体短视频平台上，贴片广告主要以前贴片和后贴片的形式出现。前者在视频开始前播放，后者则在视频结束后出现。这种广告形式的应用，是短视频商业化过程中的一种探索，旨在为内容创造者和平台带来收益。

虽然贴片广告在短视频平台上应用频繁，但其效果和接受度一直是业界争议的焦点。一方面，批评者认为，由于短视频本身时长有限，贴片广告的强制插播可能会影响观众的观看体验，进而影响广告的实际效果。然而，这一观点并非没有争议，短视频是否适合插播贴片广告，其关键并非视频的长度，而是视频内容对目标受众的吸引力及其替代成本。换言之，如果一个短视频内容足够吸引人，观众可能会更愿意接受前置或后置的广告。贴片广告的形式也在不断创新之中，不仅有传统的视频广告，还包括动图广告、Logo 展示等多种形式。这些创意丰富了广告的表现形式，也提升了观众的接受度。通过内容和形式上的持续创新，营销人员可以有效提升贴片广告的吸引力和效果，为品牌和产品创造更多的曝光机会，这也为短视频平台和内容创作者带来了更多的商业价值。

四、UGC 短视频营销

在数字时代的浪潮下，用户生成内容（UGC）成为网络文化的一个标志性现象。它源于 Web2.0 时代的崛起，Web2.0 时代是一个鼓励互动与个性化的网络新纪元，它让用户不再是单纯的内容接受者，而变成了内容的创造者和分享者。这种转变使用户可以轻松地制作并上传自己的图文、视频和音频作品，极大地丰富了互联网的内容生态。特别是短视频的出现，让用户制作内容的门槛大大降低，激发了人们的创造力和分享欲望，并形成了一个活跃且可自我增长的内容生产和消费生态。

随着短视频平台的普及，UGC 短视频营销逐渐成为一种重要的数字营销策略。企业和品牌通过发起各种互动活动，激发和利用用户的创造力，鼓励用户围绕品牌或产品制作并分享短视频内容，以此方式进行营销传播。这种策略可以扩大品牌的曝光度，还能以用户的视角和语言增强品牌信息的亲和力和被信任度。此外，社交媒体上的热门话题往往能迅速聚集大量关注，品牌通过参与或发起与自身相关的 UGC 短视频话题活动，可以有效地吸引目标群体的参与，促进内容的自然传播，进一步实现深度的用户参与和品牌价值的共创。

五、信息流短视频广告

在当今社交媒体的海洋中，信息流广告如同水中的鱼，巧妙地游走于用户浏览的内容之间，常常让人在不经意间与之邂逅。这类广告之所以得名"信息流"，是因为它们能悄无声息地融入用户的信息流中，与日常动态、分享内容似乎无异，除非细心观察其一角的"广告"或"推广"标识，难以被立刻区分。这种广告形式的妙处在于其与环境是和谐共生的，可以让广告信息像朋友圈中的一条动态一样，自然地展现在用户眼前，这在很大程度上提升了信息的接触率与用户的接受度。

信息流广告的变革与创新，特别是短视频广告的应用，正是社交平台特色与科技进步结合的结晶。随着短视频的流行，短视频也成了信息流广告的重要形式。社交平台根据各自的特性，推出了多样化的短视频广告产品。例如，微信推出了视频原生推广页，旨在提供更加自然和谐的用户体验，使广告内容与用户日常浏览内容相契合，几乎无缝接轨。这种原生性的特点，即广告内容的天然融入，确保了用户体验的连贯性和平滑性，同时为品牌和产品提供了更加微妙且有效的曝光机会。

技术的进步，尤其是大数据和算法技术的应用，为信息流广告带来了前所未有的精准度和个性化。社交媒体平台通过分析用户的行为、偏好及互动数据，可以精确地推算出用户可能感兴趣的广告内容，进而在最合适的时机和场景下把广告展示给他们。这种基于数据驱动的广告投放策略，大幅度提高了广告的有效触达率，增强了用户体验，因为人们看到的广告更贴近自己的兴趣和需求。实际上，优质的短视频广告内容本身就具有较高的吸引力，能够激发用户的共鸣和传播欲，进而触发自然的"二次传播"，形成广告效果的放大。

第八章　搜索引擎营销：精准推送信息

第一节　搜索引擎营销概述

一、搜索引擎营销的特点

（一）与企业网站密不可分

企业网站与搜索引擎营销的关系十分密切，它是营销活动的出发点，也是其成败的关键。没有一个精心设计的企业网站，就意味着失去了在搜索引擎营销竞争中立足的基础。一个专业且用户友好的网站是吸引访客、提升点击量的核心，它直接关系到企业能否有效地传递信息、满足用户需求，并将点击量最终转化为实际的访问和交易。所以，打造一个既能反映企业品牌价值，又能优化搜索引擎排名的网站，是实现搜索引擎营销目标的首要步骤。

（二）搜索引擎传递的信息仅仅发挥向导作用

在互联网上，搜索引擎的爬虫程序会索引网站信息并将之储存于庞大的数据库中，当用户进行查询时，搜索引擎展示的结果实际上是对网页内容的精简摘要，而非其全貌，这一机制意味着搜索引擎在用户与内容之间充当的是桥梁而非终点站。为了引导潜在客户深入了解，企业必须优化这些摘要信息，使之具有足够的吸引力，促使用户主动点击进行进一步探索。这就要求企业在搜索引擎优化策略上下功夫，通过精练的关键词选择、元标签优化以及高质量内容创建，确保网站在用户的搜索结果中占据显眼位置，并提供充足的信息诱因，引导他们访问网站以获取更全面的内容。

（三）以用户为主导的网络营销方式

在数字时代，搜索引擎营销凸显了其独有的用户主导特性，使用户的每一次查询都是个性化的需求发现之旅。当用户在搜索栏键入关键词时，他们就启动了一场自主的信息探索，其中搜索引擎扮演着无形的向导角色，按照用户的具体需求展示相关的结果。这种方式完全尊重了用户的主动性与选择权。用户不受任何外界营销作用的直接影响，完全根据自己的意愿和需求进行信息检索和筛选。这样的营销模式大大降低了用户所感受到的推销压力，提升了用户体验的自然度和舒适度。正是这种以用户为中心的营销逻辑，使搜索引擎营销成了一种高度人性化且高效的网络营销方式。

（四）可以实现精确定位

在数字营销的世界里，搜索引擎的精确度不只体现在它能如何智能地筛选和组织网络上海量的信息上，还体现在它对用户查询意图的精准把握上。通过高级的算法和细致的数据分析，搜索引擎能够在用户敲击键盘的瞬间，洞察其真正的需求，将最相关的信息以及符合用户兴趣和搜索习惯的广告呈现于用户眼前。这种方法优化了用户体验，减少了信息过载的可能性，为企业提供了一个黄金机会，让它们能够将广告信息投放给那些正在寻找相关产品或服务的潜在客户，如同一把锋利的箭头直指目标。搜索引擎营销通过这种精确匹配的方式，提升了广告的转化率和效率，让营销活动的每一分投入都能精准触及其目标受众，实现了高效的市场定位和营销成本的优化，展现了其在现代网络营销战略中不可或缺的价值。

（五）可引发间接性效果

搜索引擎扮演的角色更像是一座连接消费者与企业的桥梁，其作用在于引导潜在顾客发现企业和其产品或服务。但是，这一过程只是营销旅程的开始，用户最终是否决定与某个企业达成交易，还取决于该企业能否满足他们的具体需求和期望。这意味着，尽管搜索引擎营销能够有效增加企业网站的曝光率和访问量，但这些指标本身并不直接等于销售成果。实质上，它们是潜在顾客兴趣的初步体现，为企业提供了机会来进一步展示其价值并与顾客建立连接。将搜索引擎营销带来的流量转化为实际收益，需要企业在营销之后的各个环节中做出更多努力，包括产品质量、客户服务以及品牌形象等方面的持续优化，这些因素共同决定了企业能否从潜在的市场机会中获得真正的商业成功。

二、搜索引擎营销的构成要素

搜索引擎营销的核心在于精心策划和执行一套旨在提高网页在搜索结果中的可见度的战略，这一过程涉及一系列关键环节。

（一）网站收录

在数字化时代，搜索引擎的数据采集功能宛如海洋中捕捞鱼群的渔网，其捕捞能力直接影响着搜索引擎能够为用户提供的信息量和网络覆盖的广度。这种数据采集过程，是搜索引擎对互联网进行索引的基础工作，决定了搜索引擎服务的质量和效率。从这个角度来看，搜索引擎的数据采集能力是衡量其服务优劣的关键，也是互联网信息检索的核心动力。

对企业而言，使网站内容被搜索引擎高效收录，仿佛是参与一场遵循特定规则的"数字化抽奖"，关键在于理解并遵守搜索引擎的"规则"。这些规则，就像指引网络爬虫（蜘蛛程序）的路标，决定了网站内容是否能被顺利"捕获"并纳入搜索引擎的索引数据库中。因此，企业在推进自然搜索营销的过程中，首要任务是确保自己的网站能被搜索引擎顺畅索引，如果发现网站内容未被收录，那么就需要有针对性地分析问题并采取措施进行优化，以打开通往搜索引擎的大门。

（二）将企业数据添加到产品搜索引擎数据中

页面抓取虽是搜索引擎运作的初步阶段，但其后的处理过程才真正决定了搜索引擎能否满足终端用户的查询需求。当用户通过关键词或短语进行搜索时，搜索引擎需提供相关且准确的信息，这一过程要求其对抓取的网页数据进行深入分析与加工，以符合用户查询的习惯和需求。搜索引擎先要对抓取的网页建立索引，筛选并提取网页的核心内容，随后通过关键词过滤和索引构建，形成一个精确的页面与关键词之间的映射关系。接着，重新组织关键词，这样可以建立起一个高效的检索系统，确保用户输入的查询词能够匹配到最相关的网页内容。对企业来说，将其产品数据整合到搜索引擎中，不仅需要符合搜索引擎的技术要求，更是一种与时俱进的市场策略。企业必须定期更新产品信息，包括价格、库存等关键数据，以保证自身信息在搜索引擎中的准确性和时效性。为此，企业需要按照搜索引擎的规定格式（通常是可扩展标记语言 XML 格式）创建和提交包含所需信息的文件，程序员应根据不同搜索引擎的具体要求，准备相应格式的数据文件，以确保企业产品信息能被顺利索引和展现。

每个搜索引擎都有其独特的数据需求标准，这决定了企业需要提供何种信息以便被这些引擎索引。通常，这包括但不限于网站的 URL（uniform resource location）、产品的名称、描述、型号、生产商、分类，以及价格等关键信息。除基本的产品信息外，搜索引擎还倾向于获取产品的价格、可用性和特性等细节信息，以便为用户提供全面而精确的搜索结果。企业必须确保其信息源涵盖这些关键要素，以满足不同搜索引擎的索引要求，增强其在线可见性和用户的搜索体验。

在执行搜索引擎营销策略时，企业的根本目标是精确地了解并满足目标用户的需求，并通过增加网站的有效内容和推送相关的产品信息吸引潜在客户。为实现这一目标，企业需采用双管齐下的策略：一方面，充分利用内部资源，即对现有网站内容的优化、重新包装和扩充，确保内容质量和相关性；另一方面，有效运用外部资源，如与合作伙伴联动、整合相关信息资源，以及通过其他平台传播企业信息。这些均是扩大影响力和提升企业网页搜索引擎排名的有效手段。

（三）用户的搜索行为和结果

搜索引擎用户的探索始于有特定目标的查询，他们可能在寻找天气预报、美容产品比较、健康咨询或任何其他具体信息。这些用户背后的意图反映了他们的即时需求和深层次兴趣，为企业提供了深入了解并满足这些需求的机会。对中小企业来说，利用搜索引擎营销不只意味着触及更广大的网络用户群体，还意味着企业能够通过用户的自主搜索行为，对特定行业内的细分市场实施精确营销。通过分析用户的搜索模式和偏好，企业可以设计更加贴合用户需求的广告内容，实现广告投放的效果最大化。

（四）对用户搜索结果的分析判断

用户在网上的搜索和浏览行为留下了丰富的数据痕迹，为企业提供了宝贵的市场洞察。通过细致分析这些数据，企业能够识别出用户的偏好和需求，进一步实现目标市场的精细划分。以销售产品为目标的网站，特别需要通过用户的搜索行为来理解潜在客户的需求，例如，当一位顾客寻求解决厨房油污问题时，她可能会在搜索引擎中输入"厨房清洁"等关键词。这一行为揭示了她对清洁解决方案的初步需求，但她可能尚未决定是雇用专业清洁服务还是自行购买清洁剂。这为销售清洁产品的企业提供了绝佳的机会，企业可以通过搜索引擎营销策略，向她展示其产品的优势和当前的优惠活动，以促使其做出购买决策。

进一步地，通过对用户搜索行为的分析，企业可以采用更为精细化的市场细分策略，将潜在顾客基于他们搜索的内容进行分类。这种方法有助于企业理解顾客的具体需求，还能够使其通过定向广告，即所谓的"跟踪广告"，实现更高效的广告投放。当用户从搜索引擎跳转到其他网页时，相关的广告会继续展示，确保品牌信息的持续接触，这种策略提高了广告的有效触达和转化率。最重要的是，搜索引擎营销的成效是可量化的，它允许企业深入分析广告投放对网站流量和销售转化的具体贡献。

（五）对选中检索结果的点击

搜索引擎用户点击结果的背后动机是他们对满足特定需求的期待。导航型用户的目标是访问特定的网站，而信息型用户则寻求对特定问题的明确答案，这种行为驱动的共同点在于用户追求的都是快速有效的解决方案。大多数情况下，用户倾向于点击搜索结果页上排名最高的几个链接，通常是前三个，其中第一个链接往往获得最高的点击率，这种快速决策过程，通常在五秒钟内完成，这凸显了高排名链接的重要性。用户的这种偏好同时展现了自然搜索结果相比于付费广告在吸引点击方面的潜力，尽管对具有明确购买意图的用户，付费搜索广告也能显示出有效性。

随着网站在搜索引擎中排名的提升，企业必须深入理解是什么驱使用户点击链接的，还要探究为何有些用户未选择点击。无论搜索的关键词是什么类型，含有用户搜索词语的标题和摘要更容易吸引点击，因为这直接回应了用户的查询需求。此外，包含相关关键词和语义的内容同样能够吸引用户注意，增加点击可能性。对企业来说，选择合适的搜索引擎营销策略至关重要，这涉及选择合适的关键词和优化广告内容，以及选择采用自然搜索优化还是付费搜索广告，或两者的结合，以实现最佳的营销效果。企业的最终目标在于实现成本效益最大化，即通过针对特定受众群体的精准营销降低广告成本，并探索成本较低的扩大品牌市场覆盖度的方法。由此可见，有必要深入了解用户的搜索意图和行为模式，以便制订有效的搜索引擎营销策略。

三、搜索引擎营销模式

（一）付费搜索广告

付费搜索广告作为一种高效的在线推广方式受众多企业青睐，其核心机制以每次点击付费模式为基础，企业通过购买与其产品或服务相关的搜索引擎关键词吸引潜在客户。当用户在搜索引擎中输入这些预定的关键词时，他们的搜索结果页将展示出广告主的网站链接。这种方式允许企业将自己的广告精准地展示给正在寻找相关产品或服务的潜在顾客，实现广告投放的高度目标化。广告主需根据搜索引擎的定价策略支付费用，这种策略按照用户点击广告的次数来计费，使企业的广告投入与潜在客户的兴趣及互动因素直接相关联。

付费搜索广告的定价机制主要分为两种类型：固定排名和竞价排名。固定排名，又称付费排名，是一种让广告主根据支付的金额来决定其广告在搜索结果中所固定的位置的模式。在这种模式下，广告主通过支付较高的费用来确保其广告在搜索结果的前几页中占据优势位置。位置的优先级通常是通过竞价的方式来决定的，并且这种排名在合约期间内保持不变。而竞价排名模式则更为动态化，它允许广告主根据点击量来支付费用，即实行按点击付费制度，这意味着广告主需要参与关键词拍卖，通过竞价来决定其广告在搜索结果页中的显示位置。这种方式鼓励了市场竞争，让广告主能够根据市场需求和预算灵活调整其广告策略，以达到最优的广告效果和投资回报率。无论是选择固定排名还是竞价排名，企业都能通过这些精准的搜索引擎营销策略，有效地提升品牌能见度，吸引目标客户。

（二）搜索引擎优化

搜索引擎优化（SEO）是一项关键的数字营销策略，旨在通过优化网站内容和结构，提高企业网站在搜索引擎结果页中的排名。这种策略使企业无需支付广告费用，就能增加网站的可见性和访问量。主要的优化手段包括网站内容更新、精确的关键词部署、链接建设以及站点地图的优化。通过制作高质量、原创性强的内容，网站能吸引搜索引擎的爬虫程序前来索引，更重要的是，这类内容能提升用户体验，促使用户停留和回访。关键词策略的实施要求企业精确地理解和定位其产品和服务，确保所选关键词与企业的业务紧密相关，这样才能在目标客户的搜索中脱颖而出。与其他网站进行链接交换，可以增加网站的外部链接数量，这也有助于提高网站的权威性，增加网页被搜索引擎发现的机会。站点地图的创建和优化则能够确保搜索引擎更有效地抓取和索引网站上的所有页面，从而提升整个网站的搜索引擎排名。

在中国的电子商务领域，搜索引擎优化已成为许多企业不可或缺的营销工具。除京东、当当和 1 号店等大型 B2C 电商平台外，许多传统行业的品牌，如金融、旅游和保险行业的企业，也纷纷加大了对 SEO 的投资，以提高自身网站的搜索引擎排名和可见性。这些企业通过优化网站结构、内容和关键词等，力图提高其产品和服务在搜索结果中的排名，以提高销售转化率和品牌知名度。不同于直接寻求购买转化的电商网站，一些企业更注重通过搜索引擎优化来加强品牌传播和提升品牌形象。他们利用 SEO 技术提升网站在目标客户搜索中的排名，通过提供有价值的内容和信息，增强与潜在客户的互动和沟通，最终实现品牌价值的提升和市场份额的扩大。该策略有助于企业在激烈的市场竞争中获得优势，也为消费者提供了寻找和获取信息的便利，形成了一种互利共赢的营销模式。

第二节　搜索引擎营销策略

一、选择搜索引擎营销平台

（一）平台的覆盖能力

选择搜索引擎服务平台时应考虑目标客户的特点，下面以旅游营销为例。

如果旅游的目标市场是追求时尚与性价比的年轻消费者群体，实施搜索引擎营销策略的第一步，就是选择那些能够吸引此类人群的平台。这些平台通常在设计、推广活动和用户交互上更符合年轻人的喜好和习惯，如采用更现代化的界面设计，有更活跃的社交媒体策略，并能提供动态化的、吸引人的内容，能更有效地吸引年轻用户的注意力。

而对那些目标客户基础较广泛的旅游产品，如家庭旅游包或者老年旅游团，选择如百度这样的大型搜索引擎营销平台则更为合适。这类平台因其庞大的用户基础和高度的市场渗透力，能够提供非常广泛的覆盖范围，使各种类型的旅游产品都能找到潜在的消费者。此外，大型平台通常能提供先进的数据分析和用户定位工具，帮助企业根据用户的搜索行为和偏好，进行精准的广告投放和市场推广，进一步提高广告和推广活动的效果。

（二）平台的技术实力

平台的技术实力，尤其是其后台管理功能和数据提供的广度及深度，是影响企业营销活动管理难度和评估效果的关键因素。一个先进的后台管理系统可以极大地提高工作效率，简化日常运营过程，如自动化的内容管理系统（Content Management System, CMS）可以让企业人员轻松地更新网站内容，而无需深入学习编程知识。平台所提供的强大的用户管理和交互工具，可以帮助企业更好地与客户进行互动，提高客户服务效率和用户体验。平台所能提供的后台管理功能通常还包括提供高级的安全措施，以确保企业数据的安全和客户信息的保密性。而且，一个技术先进的平台能够为企业提供能深入分析数据的管理工具，这对提高营销策略的效果尤为关键。通过这些工具，企业可以获得关于用户行为的详尽报告，如访问者的来源、停留时间、点击率等关键数据。更重要的是，这些数据可以帮助企业洞察市场趋势，理解客户需求，并据此调整营销策略，以提高投资回报率。例如，通过分析哪些页面吸引了最多访问量，企业可以识别出哪些产品或服务最受欢迎，或通过用户反馈数据优化产品设计。高级的数据分析可以发现营销活动中的薄弱环节或不足之处，如发现某个广告系列转化率低的问题，从而让企业及时调整策略，优化市场表现。

（三）平台的服务能力

由于搜索引擎营销十分复杂，因此要实施这种营销策略，企业需要投入相对较多的资源进行管理和优化。当前，许多中小型企业可能缺乏进行高效搜索引擎营销的内部资源，所以选择一个能够提供充分咨询和支持服务的搜索引擎平台变得尤为重要，以使企业能够有效地执行营销策略并达到预期的市场效果。

一个具备强大服务能力的搜索引擎平台能够为企业提供从战略制订到执行全过程的指导和支持服务。这类服务包括但不限于提供市场趋势分析、关键词研究、竞争对手分析以及广告投放和优化建议。更重要的是，这些平台可以提供实时的数据监控和反馈，帮助企业及时了解其广告的表现，并根据市场反应快速调整策略。充足的咨询和支持服务还包括提供定期的培训和更新课程，这些课程能够帮助企业的营销团队掌握最新的搜索引擎营销技术和发展趋势，提高他们的专业能力。

二、搜索引擎营销推广策略

（一）网站发布初期推广策略

网站发布初期，通常指的是网站对外宣传开始后前六个月，这一时期对企业网络经营至关重要。在这个阶段，网站是否能有效利用搜索引擎服务，增加其在搜索引擎用户中的可见性，直接关系着其后续的生存与发展。此时，网络营销人员通常还无法准确评估推广活动的成效，因此他们倾向于采用搜索引擎登录策略，将网站内容大量提交至各大主流搜索引擎，以增加网站页面被收录的数量和链接数。在搜索引擎的收录周期（一般为一周到一个月）内，营销人员可以使用相关关键词检查网站的被收录情况。

在网站成功被搜索引擎收录后，企业应利用初始阶段较为充裕的推广预算条件，在用户频繁访问的搜索结果区域投放关键词广告或参与竞价排名，以提高网站的曝光率。为了快速提升网站的访问量，营销人员还应该采用其他的推广手段，如撰写关于网站和产品的博客文章，与供应链伙伴建立链接交换，以及向线下用户推广网站等。要注意的是，这一阶段的网络营销成效主要体现在网站访问量的增加上，转化率的提高并非短期内可实现的目标。

（二）网站增长期推广策略

网站在经历了初期的推广后，通常会进入一个持续的成长周期，这个周期通常分为增长期和稳定期。这两个阶段的持续时间会因网站优化的成效和所采用的网络营销策略不同而有所不同。在增长期，随着访问量的持续增长，网络营销人员开始积累了较多的营销经验，进一步专注于推广活动的成效，并通过各种工具来优化营销策略。

在增长期，营销人员可以利用搜索引擎所提供的各种推广工具，如百度指数等，获取关键词建议和列表，从而精准地调整关键词策略。他们会检查网站已有的页面是否被各大搜索引擎收录，并关注这些页面在搜索结果中的具体排名。为了提升特定关键词的搜索排名，营销团队会采用搜索引擎优化策略，确保网站内容的相关性和权威性，进而优化搜索引擎结果页（Search Engine Results Page, SERP）。搜索排名的检测通常有两种方法：一种是手动输入查询，逐一检查搜索结果，直至找到目标网页；另一种是使用专门的搜索排名查询工具，如"观其关键字排名查询工具"和"观其站长工具箱"，这些工具能够在多个搜索引擎中针对特定关键词检查网址的排名。这些工具通常具备批量查询网址、关键词排名导出、百度指数查询、相关关键词搜索，以及关键词密度分析等功能，极大地提高了 SEO 工作的效率和精确度。

（三）网站稳定期推广策略

当网站进入稳定期，其访问量的增长往往会减缓，甚至可能出现下降，在这一阶段，网络营销的重点需要从简单地追求流量增长转变为提高转化率和增加盈利。这种转变既需要精确的网络营销技巧，也受公司整体经营战略和营利模型的影响。因此，关键的策略包括提高用户的品牌忠诚度和确保产品及服务的质量。

为了提高用户的品牌忠诚度，企业需要在消费者心中建立起一种正面的品牌形象。这通常通过持续提供高质量的产品和服务来实现。企业还可以通过定期与顾客互动，如通过社交媒体平台、客户支持服务系统以及定期的顾客满意度调查，了解并满足顾客的需求和期望，进而提升顾客的忠诚度。

在营销策略上，综合运用搜索引擎优化、在线广告以及其他数字营销手段，是提高网站转化率的有效方法。发布针对网页内容定位的在线广告可以提高广告的相关性，吸引目标客户群体，而搜索引擎优化则可以提升网站在搜索引擎结果中的排名，增加自然流量，从而提高转化率。同时，品牌专区的设立可以为访客提供一个深入了解品牌故事和品牌价值的机会，进一步增强品牌的吸引力。为了保持网站内容的新鲜度和相关性，企业应定期更新网站内容，包括博客文章、新闻等，也包括调整产品描述和营销口号。内容的更新可以提升用户体验，增加用户在网站上的停留时间，有利于提高转化率。

第三节 百度搜索推广

一、百度搜索推广概述

百度推广是一种高效的网络营销工具，它通过整合国内超过六十万家的优质企业网站资源，为企业提供了一个宽广的推广联盟平台。这个平台通过对网站内容、用户群体以及相关主题词进行精准的分类和定位，能够使企业准确地找到并吸引其目标消费者群体。百度推广利用多种创新的广告展示形式，将企业的宣传信息有效地传递给目标受众，确保这些信息在用户浏览网络时得到展现。此种推广方式既能够在用户的上网过程中产生持久而深刻的影响，还能显著提升企业品牌的知名度，增加产品销售量，进而在推动企业成长和扩大市场份额方面发挥关键作用。通过百度推广，企业能够在适当的时机和地点向消费者展示其产品或服务，激发消费者的兴趣并吸引他们的注意力，鼓励他们深入了解企业提供的商品信息。这一过程有助于引导消费者从最初的了解阶段逐步产生兴趣、开始咨询，最终使其做出购买决策，是一个完善的营销转化流程。

二、百度搜索营销推广的结构及使用方法

百度作为领先的搜索引擎平台，每日处理的搜索查询数量巨大，其中不乏蕴含着丰富商机的搜索请求，例如，用户可能会搜索特定品牌的店铺信息或某一产品型号的详细信息。这些搜索行为背后隐藏着潜在的消费需求，并且为生产商和服务提供者提供了一个理想的渠道，使他们能够接触并吸引到这些潜在客户。通过深入分析和利用海量的用户数据，百度已经证实其关键词匹配技术能够有效地帮助企业在用户的搜索结果

页面中推广其产品和服务，既满足了用户的查找需求，也实现了企业的商业目标。

百度通过对用户搜索行为的细致分析和数据挖掘，精确地追踪并分析了用户的搜索习惯和需求。这一过程涉及对大量数据的统计分析，旨在通过用户数据的深度分析来揭示用户的内在需求，实现对潜在客户群体的精准定位，并为企业提供定向的产品推广解决方案。

对用户而言，搜索过程通常需要遵循以下几个步骤。

第一，产生搜索兴趣的阶段，用户基于其购买意向或对某一产品信息的求知欲，通过百度进行搜索。

第二，百度的搜索引擎数据库系统会依据特定算法，将相关的推广信息与自然搜索结果同时展示给用户。

第三，用户会在搜索结果页面上根据自己的需求和偏好进行筛选和选择，点击感兴趣的结果并进一步进行探索或采取行动。

网民通过百度进行搜索和企业在百度上进行推广的过程如图 8-1 所示。

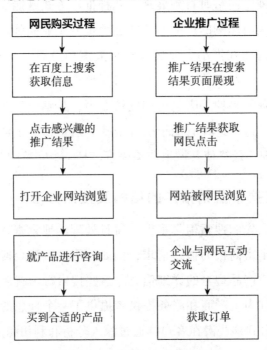

图 8-1　搜索推广的实现过程

三、百度搜索推广营销的优化策略

（一）企业网站结构优化

1. 首页导航菜单优化

在数字营销和搜索引擎优化的世界里，虽然图像搜索技术正在逐年进步，但文字仍然是搜索引擎理解和索引网站最有效的媒介。这一现象背后的原因是，文字信息比图像更直观、明确且内容丰富，这使搜索引擎的爬虫程序更容易识别和分析网站的核心内容。为了提升网站的用户体验和搜索引擎可见性，采用分层次的导航菜单设计是一个有效策略。例如，在提供现场服务的网页上，企业可以通过设计二级菜单，细分不同的工业应用场景，使用户轻松找到特定环境下的服务选项。同样，在产品信息展示上，企业可以利用二级菜单来特别强调包含关键词的产品类别，这样可以增强网站的可读性，方便用户快速获取信息，而且在首页多次展示这些关键词，也增加了这些词汇被搜索引擎抓取的机会。

2. 图片排版设计优化

图片在网站设计中扮演着至关重要的角色，它们既为网站带来了更好的视觉效果，还直观地吸引了用户的注意力。为了最大程度上利用图片的这一优势，网站开发者可以精心优化图片来提升网站的搜索引擎优化效果。在HTML（Hyper Text Markup Language）和XHTML（eXtensible HyperText Markup Language）标准中，每张图片都可以被配置一个特殊的属性——"alt"属性，即替代文本。这个属性的主要功能是在图片因为各种原因无法显示时，提供一个文本替代。这样的设计不仅考虑了图片加载失败的情况，还使使用屏幕阅读器等辅助技术的用户能够理解图片所传达的内容。

从搜索引擎优化的角度出发，给网站中的图片设置恰当的"alt"文本非常关键。将"alt"属性文本与企业的产品或服务相关的关键字相匹配，可以显著提升网站内容与搜索引擎查询结果之间的相关性。这种做法有助于搜索引擎更准确地理解图片内容，还能提高网站在相关搜索结果中的排名。

需要注意的是，在设置"alt"文本时，还需注意其长度和质量。过长或充满关键字堆砌的"alt"文本可能会被搜索引擎视为垃圾信息，进而影响网站的搜索排名。因此，简洁而富有描述性的"alt"文本是最佳选择。当图片被当作链接时，其"alt"属性的文本也会被搜索引擎用来理解链接目标页面的内容。这意味着精心设计的"alt"文本，可以进一步优化网站的内部链接结构，增强页面之间的相互关联，使搜索引擎更好地抓取和索引网站内容。

（二）企业网站内容优化

1. 增加核心案例页面

挑选一系列代表性强、效果显著的成功案例，并将其集中展现在"精选案例"版块，可以直接宣传公司产品的实际应用效果，也直观地传达了公司在行业内的专业能力信息。对于那些市场反响良好、销量领先的产品，应当给予更多的展示空间，通过详细列举这些产品在各个领域中的应用案例，将相关关键字策略性地融入案例描述中，增强内容的搜索引擎优化（SEO）效果。

针对国内市场的特殊需求，尤其是外资和合资企业倾向于使用英文资料的习惯，公司的中文网站部分应该重视中文内容的完善和丰富。提供全面的中文案例介绍、技术文档和产品参数说明的下载服务，既能方便中文用户的访问和理解，也能体现公司对本土市场的重视和适应。

2. 增加问答页面

当客户在寻找解决方案或产品信息时，他们的查询往往带有明确的目标和问题，因为他们期望通过搜索找到满足其需求的答案。虽然案例介绍页面能够解答大多数客户的疑惑，但仍有部分具体且多样化的问题需要被直接回答。建立一个常见问题解答（frequently-asked questions, FAQ）版块可以更好地满足用户的这一需求。在这个版块中，企业可以根据以往的销售经验、客户反馈以及常见的疑问汇编一个问答列表，为用户提供一个快速找到答案的途径，这也能丰富网站内容，增强用户对企业产品和企业文化的理解，在一定程度上加强品牌形象。

此外，FAQ 页面的存在一方面回应了用户的直接需求，另一方面也是对网站关键词策略的一种补充，有助于提高网站在搜索引擎中的可见度和排名。对常见问题的精准回答，增加了页面的关键词密度和关键词相关性，提高了搜索引擎对网页内容的评价，这有可能提升网页在搜索结果中的排位。

3. 专门设置关键字页面

在优化企业网站以提高其在搜索引擎中的排名时，简单地将所有相关的关键字堆砌在一个页面上，无疑是一种低效甚至有害的做法。这种无序的关键字聚集缺乏针对性和逻辑性，还可能被搜索引擎识别为垃圾内容，使网站遭到降权甚至遭受惩罚。一种更为科学且有效的策略是对企业相关的关键字进行精细的分类和布局，按照产品特性、服务功能或目标行业等逻辑对关键字进行分组，并将这些分组后的关键字融入网站的各个相关页面中。

这种方法增强了网站内容的相关性和丰富性，还能够根据不同用户的搜索意图提供更加精准的信息，在搜索引擎中获得更高的评价和排名。通过这种有策略的关键字分散，每个页面都有机会针对特定的查询进行优化，这增加了网站在搜索引擎结果中出现的机会，提升了用户体验，因为用户能够更快地找到符合他们搜索意图的内容。

第九章 展望新媒体营销的未来趋势

第一节 可视化内容趋向小而美

一、信息图表和可视化数据的普及

在新媒体营销的未来趋势中，信息图表和可视化数据的普及将成为一个关键的发展方向。随着信息技术的快速发展和互联网用户数量的日益增加，人们接收信息的速度和方式也在不断变化，在这样的背景下，如何快速、有效地传达复杂的信息和数据成了新媒体营销面临的一大挑战。信息图表和可视化数据以其独特的优势应运而生，成为解决这一问题的有效工具。

第一，信息图表和可视化数据能够将复杂的数据和信息以直观、易理解的形式展现出来。通过对颜色、形状、图标等视觉元素的巧妙运用，复杂的数据被转换为直观的图形，这使信息的传递更加高效。这种形式能够吸引用户的注意力，帮助用户快速理解和记忆信息，进一步提高信息传播的效率和效果。

第二，信息图表和可视化数据能够提升信息的吸引力和传播力。在信息过载的时代，用户面临着大量信息的冲击，如何在众多信息中脱颖而出，成为新媒体营销所面临的关键问题。信息图表和可视化数据以其独特的视觉效果，能够在短时间内抓住用户的眼球，增加信息的吸引力。而且这种形式的内容更容易被用户分享，进而增加信息的传播范围和影响力。

第三，信息图表和可视化数据能够增强信息的说服力和影响力。通过数据的可视化展示，信息的准确性和可信度得到了加强，这有利于增强信息的说服力。对数据的分析和解读，可以揭示数据背后的趋势和规律，为用户提供有价值的洞见，从而增强信息的影响力。

二、个性化和定制化视觉内容

在新媒体营销的未来趋势中，个性化和定制化的视觉内容将成为主流，这种趋势的兴起主要是因为消费者对内容的需求日益多样化和个性化。随着大数据和人工智能技术的发展，新媒体平台能够更准确地捕捉到用户的偏好和行为模式，为用户提供更加个性化的视觉内容。

个性化视觉内容意味着内容能够根据每个用户的兴趣、历史行为和消费习惯进行定制，这种内容能够吸引到用户的注意力，而且能够提高用户的参与度和满意度。例如，基于用户过往对某类视频内容的观看习惯，新媒体平台可以推荐相似风格或主题的视频内容，或者根据用户的浏览历史提供定制化的图文内容，在满足用户的个性化需求的同时，增强用户对品牌的忠诚度。

定制化视觉内容则更进一步，它不仅基于用户的一般偏好，还可能涉及对用户个人信息的直接反馈，如通过问卷调查或用户直接设置的偏好来定制内容。这种高度定制化的内容能够为用户提供独特的消费体验，使用户感觉品牌非常关注和重视他们的需求。

个性化和定制化的视觉内容还可以通过社交媒体平台实现用户间的互动和分享。用户可以根据自己的偏好创建或编辑内容，并与朋友或公众分享。这种方式不仅能够增强内容的传播力，还能够形成用户社区，促进用户之间的交流和互动，进一步提升品牌的影响力和用户忠诚度。

但是需要注意，实现视觉内容个性化和定制化的关键在于数据分析和技术支持。企业需要投入相应的技术和资源来收集和分析用户数据，以便更好地理解用户需求和偏好。此外，保护用户隐私和数据安全也是实现个性化和定制化视觉内容过程中需要重点关注的问题。

三、AR技术与VR技术的进一步应用

AR技术能够将数字信息与现实世界融合，在现实环境中叠加虚拟信息，为用户带来新奇的体验。在新媒体营销中，企业可以利用AR技术，通过智能手机或特定的AR眼镜，让消费者在实际环境中看到被增强的虚拟信息或对象。例如，家具和家装企业可以利用AR技术，让用户在自己的家中通过手机或平板电脑预览家具的摆放效果。这不仅提高了用户的购买意愿，还增加了用户的互动乐趣。

VR技术则通过创建一个完全虚拟的环境，让用户感觉自己身处其中，从而给其带来完全的沉浸式体验。在新媒体营销中，VR技术的应用使用户能够在虚拟环境中体验产品或服务。例如，旅游公司可以创建虚拟旅游体验，让用户在家中就能"亲临其境"地体验到旅游目的地的风光，这能极大地激发用户的旅游欲望。

随着5G技术的普及，AR和VR技术在新媒体营销中的应用将更加广泛和深入。5G技术的高速度和低延迟特性，为AR和VR技术的大规模应用提供了技术保障，使沉浸式体验更加流畅和真实。未来，AR和VR技术将在新媒体营销中扮演更加重要的角色，为用户提供更加丰富多彩的体验。此外，随着技术的不断发展和完善，AR和VR技术的成本将逐渐降低，使更多的中小企业也能够利用这些技术进行新媒体营销，这将进一步推动新媒体营销的创新和多样化，帮助企业在激烈的市场竞争中脱颖而出。

四、用户生成内容（UGC）的视觉化趋势

用户生成内容（User Generated Content, UGC）的视觉化趋势是新媒体营销未来发展的重要方向，它标志着从传统的内容消费模式向更加互动、共创的模式的转变。随着社交媒体和移动互联网的普及，用户不再是被动接受信息的对象，而是变成了内容的主动创造者和分享者。这种变化促使

UGC 的视觉化趋势愈发明显，为新媒体营销带来了新的机遇和挑战。

第一，UGC 的视觉化发展趋势体现为用户越来越倾向于通过图片和视频这类视觉媒介分享个人经历和观点。这种倾向背后的逻辑在于，相较于文字，视觉内容能更直接地抓住人们的视觉焦点，更容易被理解和传播，在短时间内引起广泛的社会反响。社交平台，如 Instagram 和 Pinterest 的流行便是这一趋势的最佳体现，它们提供了一个让用户以图像和视频的形式记录和分享生活的平台，这些富有吸引力的视觉内容增强了用户之间的互动，也是品牌与用户互动沟通的有效渠道。

第二，在 UGC 视觉化趋势的推动下，新媒体营销正向更加个性化和定制化的方向发展。用户通过图像和视频这些视觉内容展示自己的独特风格和偏好，为品牌提供了深入了解其受众的机会。通过精细化分析这些用户生成的内容，企业能够捕捉到目标消费者的细微偏好和兴趣点，据此定制更加符合用户期待的产品和服务。此外，企业鼓励用户参与创作与品牌相关的视觉内容，如组织主题摄影大赛、发起视频创作挑战等，这样既能激发用户的参与热情和创造力，还能以此为契机，将用户的个性化创作转化为品牌的个性化营销资产。

第三，UGC 视觉化趋势在加强社交媒体营销的同时，显著增强了品牌社区的凝聚力。当用户在社交平台上积极分享和互动以视觉内容为主的个人创作时，也能提高品牌的可见度，还能促进用户间的紧密联系，团结用户共同维护以品牌为核心的社区文化。这样的社区效应使用户可以对品牌产生更深层次的认同和忠诚感，而且，口碑传播可以吸引更多新用户的目光，进一步拓展品牌影响范围。品牌可以利用这种自发形成的社区动力，通过定期举办用户互动活动、创作挑战等，继续提高社区的活跃度，为品牌营造一个既有凝聚力又充满活力的社交环境。

然而，UGC 的视觉化趋势也带来了内容质量和版权等方面的问题。企业需要建立有效的内容监管机制，确保用户生成的视觉内容符合品牌形象和法律法规，避免负面信息的传播。而且企业需要尊重用户的版权，合理使用用户生成的视觉内容，保护创作者的权益。

第二节 运营方式趋向线上线下融合

一、全渠道生态

全渠道零售模式是在现代消费者行为变化和科技进步的时代背景下逐渐形成的一种新型零售策略。这种模式通过整合线上线下的各种销售和交流渠道，包括传统的实体店铺、电商网站、社交平台等，为消费者提供无缝衔接的购物体验。消费者可以自由选择信息搜集、产品比较和购买的渠道，无论是在线上完成整个购买过程，还是在线下体验后在线上下单，抑或通过线上预订线下提取，都可以轻松购买产品。例如，顾客可通过电商平台查看最近门店的存货情况，选择在线购物后在店内提取商品，或者在店内试用产品之后通过手机应用完成支付，商家再从最接近顾客地址的门店出货。随着消费者需求的多样化和个性化，以及科技的快速发展，零售业已从单一渠道销售模式转变为多渠道模式，并最终演化为今天的全渠道模式。早期的单渠道和多渠道模式虽然在当时的市场环境中都有适应性，但随着时间的推移，它们已经难以满足消费者对购物便捷性、个性化和体验性的综合需求。全渠道零售模式的出现正是为了解决这些问题的。

在零售行业的演变历程中，单渠道模式曾是零售商的首选模式，主要依托实体店铺进行商品的销售，这种模式的盛行得益于传统的大型连锁商场与购物中心的快速发展，它依靠固定的物理位置，为消费者提供了一个实实在在的购物空间。但是，单渠道模式的局限性也随之显现，尤其是其地理位置固定的特点所带来的覆盖范围有限的问题，相比之下，无法与线上商店的广泛覆盖相匹敌。而且随着租金、人力成本的不断上升，零售商的运营成本逐渐增加，利润空间遭受挤压，这使零售商在抵御市场风险方面的能力大幅下降。

为应对单渠道模式所面临的这些挑战，零售商开始尝试多渠道模式，即同时采用线上线下双重渠道进行销售的模式。在多渠道模式的初期阶段，虽然零售商试图通过线上线下的结合拓宽销售渠道，但多个渠道之间往往独立运作，缺乏有效的整合，甚至会在流量和资源上出现竞争。例如，实体店铺在团购平台上推广时，既需要支付平台的佣金，还可能因平台促销而牺牲自身利润。这种模式并没有为零售企业带来预期的流量增加，反而侵蚀了部分利润。由于线上线下渠道的分离，消费者在不同渠道中的购物体验存在差异，如同一商品在线上和线下的价格不一，这种不一致进一步加深了消费者的疑惑和不满。然而，随着信息技术的快速发展，尤其是互联网和移动互联网的普及，线上线下渠道已深入人们的日常生活，极大地影响了消费者的购物习惯和偏好。在这一背景下，零售行业的竞争格局发生了根本变化，传统的单渠道和多渠道模式已难以满足市场和消费者的新需求。因此，全渠道零售模式应运而生，它通过整合线上线下以及其他可能的销售和交流渠道，构建了一个无缝衔接的零售生态，旨在最大化地满足消费者的购物需求，并为其提供更加个性化、便捷的购物体验。

二、线上线下虚实联动

有很多企业已经实现了线上线下融合发展，完成了虚拟生态和传统生态的联动，但仍有一些企业存在仅在线上营销或线下营销的现象。从当前营销生态发展情况来看，这些企业在未来很可能会打破旧有模式，转向线上线下融合营销，因为这是大势所趋。此处以国美企业的线上线下融合发展为例进行介绍。

国美通过整合线上线下资源，构建了一个以消费者为中心的社交商务生态圈，这不只是简单地将两个渠道结合起来，而是在这一过程中创造了一个全新的商业模式。这一模式基于"平台化、服务化、共享化、体验化"的核心理念，打造了一个覆盖线上线下全域的国美生态系统。在这个生态系统中，消费者是购买者，更是参与者，他们会参与到产品生产的每一个环节中，从生产到消费再到反馈，形成了一个闭环的消费模式。

国美新零售生态在构建时，强调消费者在其中的重要作用。通过鼓励消费者的积极参与，国美、品牌商与消费者能够共同分享优质产品和服务带来的利益，形成了一个互惠互利的商业生态圈。这一模式促进了国美零售从免费经济到共享经济的转变，也标志着互联网时代零售业态的一大进步。在技术支持方面，国美新零售生态的核心在于线上与线下的深度融合，把线上商城和线下实体店当作与消费者互动的桥梁。国美能够有效地收集和分析消费者数据，而这些数据为国美提供了强大的决策支持，使后续的产品推广、售后服务和营销活动变得更加精准高效。国美的全零售生态圈如图 9-1 所示。

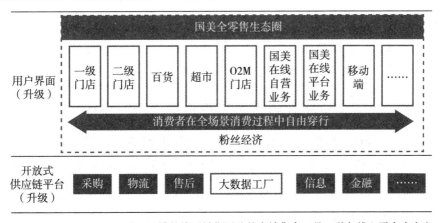

O2M—offline to mobile，基于地域的线下销售团队的有效集合，是一种与线上平台为客户订制服务的能力相结合的全新服务体系。

图 9-1　国美的全零售生态圈

在新零售时代，线上与线下的融合不只是一种趋势，还是对零售生态进行彻底改革的必然选择，这种改革目标在于打破传统零售与数字零售之间的界限，构建一个无缝连接的全新零售生态系统。在这个系统中，线上的数字技术深度下沉，并与线下实体零售互动更加紧密，实现了信息的双向流动和资源的共享利用。这样，无论是实体店还是线上平台，都能够超越之前的物理和地理限制，通过实时数据分析和用户行为洞察，精准触及每一个消费者的需求点。

线上线下融合生态圈的建立，意味着消费者将享受到前所未有的购物体验。他们可以随时随地，通过任何形式的接触点进行购物，而零售商和品牌商则可以利用先进的信息技术，如大数据分析、人工智能等，实时捕捉和分析消费者需求，从而提供更加个性化、高效率的服务。例如，消费者在线上看到心仪的商品后，可以选择到附近的实体店体验和购买，或者在实体店中通过扫描商品二维码，了解更多商品信息，并选择线上支付并配送到家。

这种线上线下融合的模式，还将使零售商与消费者之间的互动更加密切，通过新媒体营销、用户评价反馈等方式，零售商可以更好地理解消费者的真实反馈和需求，及时调整服务策略，提高用户满意度和忠诚度。从长远来看，这将帮助零售商构建一个能持续学习、不断进化的智能零售网络，实现从单向销售到双向互动的转变，从而创造更大的商业价值和社会价值。

三、大数据分析在线上线下用户行为研究中的应用

利用大数据技术，企业可以收集来自线上网站、社交媒体、电商平台以及线下实体店的用户行为数据，包括购买历史、浏览习惯、支付方式、地理位置等信息。通过对这些数据的深度分析和挖掘，企业能够构建出每个用户的详细行为画像，了解用户的偏好、需求和消费习惯，实现更加个性化的服务和营销策略执行。基于用户行为画像，企业可以设计出能更加精准地契合其需要的营销活动，无论是线上推广还是线下活动。例如，通过分析用户在线上的搜索和浏览行为，企业可以在用户最可能产生兴趣的时间点和渠道上投放广告，或者通过分析线下购买行为，为用户提供定制化的优惠券和促销信息。

大数据分析还可以帮助企业优化线下的用户体验。通过分析线下用户的购物路径、停留时间、购买习惯等数据，企业可以优化店铺布局、产品摆放和人员配置，甚至调整营业时间，以满足用户的实际需求。此外，结合线上数据，企业还可以提供线上预约、线下体验等融合服务，进一步提升用户体验。

大数据技术使企业能够实时监测营销活动的效果和用户的反馈，快

速响应市场变化。通过实时数据分析，企业可以动态调整营销策略，优化产品和服务。例如，如果发现某个营销活动的参与度不高，企业可以立即调整推广策略或优惠力度，确保营销活动的成功。此外，通过对大量历史数据的分析，大数据技术还可以帮助企业预测市场趋势和用户需求的变化，为产品开发和战略规划提供指导。通过理解过去和现在的用户行为，企业可以更好地预测未来，抓住市场机会，避免潜在风险。

第三节　传达的情感趋向共鸣化

一、情感营销的力量：打造品牌与用户之间的情感桥梁

情感营销，作为未来新媒体营销的重要趋势，旨在通过打造品牌与用户之间的情感连接，实现品牌价值的最大化传递和用户忠诚度的提升。情感营销的核心在于理解和利用人类情感的复杂性和多样性，并以此为基础构建品牌与消费者之间的深层次关系。以下是对情感营销力量的深入剖析，展现其打造品牌与用户之间情感桥梁的具体方式。

（一）情感共鸣的建立

情感营销首先要做的是建立情感共鸣。这意味着品牌需要通过传递价值观、提升用户体验等方式，触及消费者内心的情感，引起共鸣。例如，传递品牌的价值观，能够让消费者感受到品牌的人性化和温度，进而产生情感上的共鸣。

（二）情感价值的传递

情感营销的一个重要方面是情感价值的传递。品牌不只是在卖产品，更是在卖一种情感价值，这种价值能够让消费者在使用产品或服务的过程中产生情感上的满足和幸福感。因此，品牌需要在产品设计、服务流

程、营销传播等各个环节中，贯彻情感价值的传递。

（三）社交媒体上的情感互动

在新媒体时代，社交媒体成为品牌与消费者进行情感互动的重要平台。品牌可以利用社交媒体的特性，如即时性、互动性，与消费者进行更直接、更人性化的情感交流，通过评论、点赞、转发等形式，增强品牌与消费者之间的情感联系。

（四）长期情感关系的维护

为了实现这一目标，品牌需要实施多维度的策略来确保与消费者之间情感连接的持久性。

（1）品牌必须确保其产品和服务的质量始终处于高标准状态，这是维系品牌方与客户情感关系、建立信任的基石。

（2）持续的交流和互动是建立情感连接的"润滑剂"，品牌应利用社交媒体、客户服务和社区活动等渠道与消费者建立起日常互动的机制，在这一过程中，品牌要学会倾听消费者的声音，了解他们的真实感受和需求，以更加人性化的服务回应消费者的期望。

二、故事讲述的魅力：以用户为主角的品牌故事

在新媒体营销的发展趋势中，将用户置于品牌故事讲述的中心已成为一种不可逆转的策略趋势。这种以用户为主角的故事讲述策略，突破了传统的品牌中心主义，更重要的是，它强化了品牌与用户之间的情感联系，使品牌信息的传达更有人情味和情感共鸣。

一方面，以用户为中心的故事讲述策略能够有效地触动用户的情感。在这种策略下，品牌故事不再是单向的品牌自述，而是变成了用户的亲身经历和感受，这些故事往往围绕用户如何通过品牌产品解决问题、实现梦想或改善生活等主题展开，通过展示用户的真实体验，品牌能够更直接地触及目标受众的情感，激发他们对品牌的兴趣和好感。

另一方面，以用户为中心的故事让品牌信息更加生动和贴近生活。用户的故事往往充满了生活化的细节，这些细节能够使品牌故事显得更加真实可信。相比于抽象的品牌宣传语，用户的亲身经历和感受更容易引起其他用户的共鸣。当用户在品牌故事中看到自己的影子时，他们就更容易接受品牌传递的信息，这也能增加品牌的吸引力和说服力。

三、社群互动的加强：建立有情感共鸣的社区与讨论平台

加强社群互动的本质是基于用户的共同兴趣和需求，建立起一个共享、交流的平台。这个平台是用户获取信息的渠道，也是用户表达自我、实现自我价值的舞台。在这个舞台上，用户可以自由地分享自己的经验和见解，也能从其他用户那里获得反馈和支持。这种互动可以有效增强用户之间的联系，也能够让用户感受到品牌的温度和关怀。

建立有情感共鸣的社区和讨论平台，需要品牌精心设计和运营。品牌的首要任务是深入挖掘并理解目标受众的兴趣爱好和需求特征，据此制订富有吸引力的内容策略和组织各类参与性活动，激励用户主动分享与交流。品牌必须在社区内构建一套公平、健康的交流准则，以防范和控制可能出现的负面内容，维护社区环境积极向上的氛围。通过这样的连锁反应，品牌能够在用户心中树立起积极的形象，形成强大的品牌影响力。

四、内容共创的趋势：鼓励用户参与内容创造与分享

内容共创趋势的核心在于利用用户的创意和热情，将他们从单纯的内容消费者转变为内容的共同创造者。内容共创的策略基于一个核心前提：现代消费者不再满足于被动接受信息，他们渴望参与和互动，希望自己的声音和创意能够被品牌听见并重视。这种参与感和归属感能够极大地增强用户对品牌的忠诚度和积极性。例如，一些品牌通过社交媒体举办创意竞赛，邀请用户提交自己的设计或故事，最终的获胜作品会被用于品牌的正式宣传。这种做法既展示了品牌的开放性和创新精神，也

能使用户感觉到自己是品牌故事的一部分。内容共创还能够激发用户的创造力和独特视角，为品牌带来新鲜、原创的内容。在众多用户生成的内容中，总有一些极具创意和感染力的作品，这些作品往往能够引发广泛的共鸣，增加品牌的可见度和吸引力。与此同时，这种策略有助于品牌更好地理解他们的受众，通过用户创造的内容捕捉他们的兴趣、需求和期望。

但是，内容共创也面临着挑战。品牌需要确保用户生成的内容与其品牌形象、价值观保持一致，还要投入相应的资源来管理和筛选用户生成的内容，确保其质量和相关性。

参考文献

[1] 刘娜. 新媒体营销 [M]. 西安：西安电子科学技术大学出版社，2021.

[2] 陈刚. 新媒体与广告 [M]. 北京：中国轻工业出版社，2002.

[3] 重庆广播电视大学垫江分校. 新媒体运营导论 [M]. 昆明：云南大学出版社，2022.

[4] 严三九，南瑞琴. 新媒体概论 [M].2 版. 武汉：华中科技大学出版社，2019.

[5] 吉峰，牟宇鹏. 新媒体营销 [M]. 徐州：中国矿业大学出版社，2018.

[6] 孙天慧. 新媒体营销实务 [M]. 武汉：武汉大学出版社，2022.

[7] 马莉婷. 网络营销理论与实践 [M]. 北京：北京理工大学出版社，2017.

[8] 唐观友，阚语莹. 直播营销 [M]. 北京：中国商业出版社，2022.

[9] 蒋国春. 企业新媒体营销应用研究 [M]. 天津：天津科学技术出版社，2017.

[10] 贺聪聪. 新媒体营销思维下的零售业竞争力问题探讨 [J]. 老字号品牌营销，2023（23）：14-16.

[11] 杨晨. 新时期的新媒体营销逻辑 [J]. 中国商人，2023（12）：114-116.

[12] 党昌昶，林文静. 抖音平台的电影营销策略 [J]. 中国电影市场，2023（12）：30-35.

[13] 马晓枫. 新媒体营销特征与策略创新性研究 [J]. 中国报业，2023（21）：186-187.

[14] 杨霄，徐珊珊. 新媒体营销思维对企业竞争力的影响分析 [J]. 上海商业，

2023（11）：74-76.

[15] 刘梦玮.新媒体营销下微信公众号营销实践策略探究 [J].新闻研究导刊，2023，14（21）：250-252.

[16] 卢春芳.论新媒体营销文案的写作方法 [J].科学咨询（科技·管理），2023（10）：248-250.

[17] 黄婷.微信公众号对电商营销的作用与路径研究 [J].中国储运，2023（10）：205-206.

[18] 廉双羽.新媒体时代传统媒体营销模式如何创新 [J].记者观察，2023（27）：74-76.

[19] 王广元.企业微信公众号在宣传营销方面的运营策略探析 [J].现代企业文化，2023（24）：65-68.

[20] 周洁.企业新媒体营销中的误区及其对策研究 [J].中国管理信息化，2023，26（16）：128-130.

[21] 张晓亮.互联网思维下的新媒体营销探析 [J].上海商业，2023（8）：54-56.

[22] 程东明.短视频营销"要"与"不要"[J].企业管理，2023（7）：29-32.

[23] 谢雪莲.新媒体营销环境下传统美妆品牌价值重塑的策略分析：以 X 品牌为例 [J].中国商论，2023（13）：126-129.

[24] 崔自三.新媒体营销成功运营的五个关键 [J].销售与市场（营销版），2023（6）：44-47.

[25] 沈继伟."数智化"背景下新媒体营销策略研究 [J].中国报业，2023（10）：138-139.

[26] 李静.新媒体视阈下的新能源汽车营销渠道困境与突破 [J].榆林学院学报，2023，33（3）：93-97.

[27] 杨悦.浅析新媒体营销环境下电商平台的运营策划 [J].新闻传播，2023（9）：74-76.

[28] 曾佳.新媒体时代企业营销策略分析 [J].商场现代化，2023（8）：45-47.

[29] 巩立超.文化产业的新媒体营销策略 [J].营销界，2023（7）：8-10.

[30] 朱玮杰.新媒体时代电影营销传播多元化深度融合研究 [J].中国市场，2023（9）：124-126.

[31] 庄君，杨海飞.微博平台与电影营销互动关系研究[J].电影新作，2022（6）：54–62.

[32] 李娜.直播营销中关系纽带对顾客契合的影响研究[J].北方经贸，2024（2）：74–78.

[33] 蔡丽蓉.新媒体背景下抖音短视频平台品牌营销策略[J].北方经贸，2024（2）：90–94.

[34] 王睿.电商直播营销应用及发展策略探讨[J].商场现代化，2024（4）：53–55.

[35] 邰英英.新媒体视角下乡村旅游抖音短视频营销策略研究[J].全国流通经济，2024（2）：173–176.

[36] 郭清琳.直播带货营销模式优化思考[J].合作经济与科技，2024（5）：82–83.

[37] 何里文，梁茹婷，邓敏慧.自媒体时代的网红营销研究综述[J].商展经济，2024（2）：70–73.

[38] 佴皓琰.新媒体时代抖音的传播策略及发展探析[J].采写编，2024（1）：116–118.

[39] 蒋彤茜.旅游抖音短视频的营销传播策略研究[J].市场周刊，2024，37（2）：94–97.

[40] 徐伟鹏.中小企业更应做好短视频内容营销[J].商业观察，2024，10（1）：6–9.

[41] 邵慧.新媒体时代短视频广告营销创新策略研究[J].广东经济，2023（17）：81–83.

[42] 窦晓涵.搜索平台营销推广策略的转型路径研究：以百度营销为例[J].中国市场，2022，（10）：189–193.

[43] 李卫琳.基于搜索引擎的精准营销分析[J].电子商务，2020（5）：53–54.

[44] 向吉祥.新浪微博对网络游戏的营销传播研究：以《英雄联盟》官方微博超话为例[D].武汉：武汉纺织大学，2023.

[45] 周伟.B服装公司新媒体营销策略研究[D].上海：上海外国语大学，2023.

[46] 李新林.Y食品公司直播营销策略优化研究[D].扬州：扬州大学，2023.

[47] 刘京.D乳制品品牌短视频营销策略研究[D].北京：北方工业大学，2022.

[48] 杜雪纯.跨境直播带货营销模式研究[D].长春：吉林大学，2021.

[49] 付天聪.抖音老年网红短视频营销策略研究：以"头部"账号为例[D].西安：西北大学，2021.

[50] 秦佳怡.电商直播营销传播模式研究以淘宝直播为例[D].上海：华东师范大学，2020.

[51] 李新富.中国企业微博营销现状研究[D].呼和浩特：内蒙古大学，2014.

[52] 吴小红.微博营销对用户购买意愿影响的实证研究[D].重庆：重庆工商大学，2014.

[53] 泥川.微博营销模式研究[D].西安：陕西师范大学，2014.

[54] 马舒宁.企业微信营销传播研究[D].大连：大连海事大学，2014.

[55] 裴春然.美妆类短视频内容营销对消费者购买意愿的影响研究[D].兰州：兰州财经大学，2022.

[56] 成琳.基于双路径视角的短视频内容营销对用户购买意愿的影响研究[D].长春：吉林大学，2022.

[57] 徐晶.短视频博主对奢侈品消费者品牌认知和购买意愿的影响研究[D].上海：东华大学，2022.

[58] 冉飞.基于用户行为的搜索引擎营销策略及应用研究[D].上海：华东理工大学，2013.

[59] 周燕.百度搜索引擎营销模式研究：长尾理论的视角[D].上海：华东理工大学，2012.

[60] 陈懋.搜索引擎营销[D].北京：清华大学，2005.